Observando o Islã

Coleção

ANTROPOLOGIA SOCIAL

diretor: Gilberto Velho

- O Riso e o Risível
  Verena Alberti
- Antropologi a Cultural
  Franz Boas
- O Espírito Militar
- Os Militares e a República
  Celso Castro
- Da Vida Nervosa
  Luiz Fernando Duarte
- Garotas de Programa
  Maria Dulce Gaspar
- Nova Luz Sobre a Antropologia
- Observando o Islã
  Clifford Geertz
- O Cotidiano da Política
  Karina Kuschnir
- Cultura: Um Conceito Antropológico
  Roque de Barros Laraia
- Autoridade & Afeto
  Myriam Lins de Barros
- Guerra de Orixá
  Yvonne Maggie
- Cultura e Razão Prática
- Ilhas de História
  Marshall Sahlins
- Os Mandarins Milagrosos
  Elizabeth Travassos
- Antropologia Urbana
- Desvio e Divergência
- Individualismo e Cultura
- Projeto e Metamorfose
- Subjetividade e Sociedade
- A Utopia Urbana
  Gilberto Velho
- Pesquisas Urbanas
  Gilberto Velhoa e Karina Kuschnir
- O Mundo Funk Carioca
- O Mistério do Samba
  Hermano Vianna
- Bezerra da Silva: Produto do Morro
  Letícia Vianna
- O Mundo da Astrologia
  Luís Rodolfo Vilhena

Clifford Geertz

Observando o Islã

O desenvolvimento religioso no Marrocos e na Indonésia

Tradução:
Plínio Dentzien

Jorge Zahar Editor
Rio de Janeiro

Título original:
Islam Observed
(Religious Development in Morocco and Indonesia)

Tradução autorizada da primeira edição norte-americana
publicada em 1968 por Yale University Press,
New Haven, Estados Unidos.

rua México 31 sobreloja
20031-144 Rio de Janeiro, RJ
tel.: (21) 2240-0226 / fax: (21) 2262-5123
e-mail: jze@zahar.com.br
site: www.zahar.com.br

Capa: Miriam Lerner

CIP-Brasil. Catalogação-na-fonte
Sindicato Nacional dos Editores de Livros, RJ.

Geertz, Clifford, 1923-
G264o Observando o Islã: o desenvolvimento religioso no Marrocos e na Indonésia / Clifford Geertz; tradução de Plínio Dentzien. — Rio de Janeiro: Jorge Zahar Ed., 2004
(Antropologia Social)

Tradução de: Islam observed: (religious development in Marroco and Indonesia)
Apêndice
ISBN 85-7110-794-7

1. Islã — Marrocos. 2. Islã — Indonésia. I. Título.

CDD 297.0964
04-1278 CDU 297(64)

Sumário

Para Hilly

A contribuição de Clifford Geertz

Gilberto Velho*

Clifford Geertz é certamente um dos autores contemporâneos de maior repercussão tanto na antropologia como nas ciências sociais e humanas em geral. Sua vasta obra começou a ser construída há mais de 45 anos, tornando-se referência fundamental para antropólogos de todas as partes do mundo. Constitui também, por suas características, um importante veículo de trabalho interdisciplinar. A amplitude das preocupações de Geertz leva-o a dialogar e estabelecer pontes com áreas bastante diversificadas, como filosofia, sociologia, economia, ciência política, lingüística, psicologia, história e arqueologia, entre outras.

No Brasil, especificamente, Geertz já teve vários livros traduzidos, sendo notória a sua influência no desenvolvimento de nossa antropologia, em particular no que se refere às investigações e discussões sobre as sociedades complexas (ver bibliografia ao final desta apresentação). Sua longa carreira de pesquisador concentrou-se sobretudo na Indonésia e no Marrocos, tendo publicado dezenas de artigos e vários livros a partir de suas diversas estadas no campo. Examinou dimensões diferenciadas, como economia, vida política, organização social e religião, sempre atento em estabelecer as relações entre esses vários domínios e procurando chegar a uma visão mais global e integrada dos processos sociais que investigou. Assim,

* Professor titular de antropologia social e decano do Departamento de Antropologia do Museu Nacional/UFRJ.

influenciado por autores como Max Weber, Wittgenstein e Alfred Schutz, inquietou-se em perceber a especificidade desses diversos domínios, com as linguagens e os códigos que deveriam ser analisados a partir da *rede de significados* que permeia toda a vida social, constituindo a cultura propriamente dita. A compreensão dos processos sociais observados passa necessariamente, portanto, pelos significados que lhes são conferidos por parte dos diferentes atores envolvidos. Desse modo deve ser compreendida a importância dos trabalhos e reflexões de Geertz sobre a religião: não como uma esfera à parte, mas como fenômeno fundamental para o entendimento da continuidade e das transformações das sociedades ao longo do tempo. Cabe ressaltar também a importância de suas preocupações e reflexões sobre a história e a natureza do trabalho antropológico.

Observando o islã é um dos primeiros livros de Geertz, publicado originalmente no icônico ano de 1968. Trata-se, portanto, de trabalho anterior ao seu famoso *A interpretação das culturas* (1973), coletânea cuja maioria dos capítulos já aparece citada neste livro sob a forma de artigos publicados em revistas especializadas. Assim, vamos encontrar aqui algumas das principais fontes de atenção de toda a sua obra. Entre vários de seus méritos, destaco sua importância para o desenvolvimento de uma *antropologia das sociedades complexas.*

A Indonésia e o Marrocos são sociedades com longa e conhecida história, a seu respeito existem múltiplas obras, autores e comentadores. Ambas foram islamizadas, em processo analisado por Geertz, concentrado em perceber as singularidades das experiências, embora buscando ao mesmo tempo precisar os significados mais compartilhados de pertencimento ao islã. Nesse sentido, o trabalho do autor é magistral, no bem-sucedido jogo de mergulhar na especificidade marroquina e indonésia para, simultaneamente, estabelecer pontes entre esses países — tão distantes do ponto de vista geográfico, mas que partilham experiências comuns na dramaticidade de suas transformações, com conflitos às vezes bastante violentos e ameaçadores.

Particularmente importante é a reflexão sobre as relações do islamismo com o colonialismo. Historicamente, ambas as sociedades tiveram diversas experiências de troca, intercâmbio e confronto com outras sociedades, nações e países. No caso da área hoje ocupada pelo Marrocos, pode-se mencionar a presença mais ou menos agressiva de fenícios, cartagineses, gregos, romanos e as invasões bárbaras, culminando na conquista árabe e no conseqüente predomínio muçulmano a partir dos séculos VI e VII. Mais adiante, portugueses e espanhóis se fariam presentes, e a França, finalmente, iria incorporar o Marrocos a sua esfera de influência.

Já a Indonésia, com toda a sua multiplicidade e heterogeneidade, teria fortes relações com boa parte da Ásia, com fundamental influência da Índia, em particular do hinduísmo. Sua incorporação ao mundo moderno se daria pela expansão marítima portuguesa e depois pelo predomínio holandês, na segunda metade do século XVII. A islamização se deu de modo contínuo e crescente, fazendo com que hoje a Indonésia seja o país de maior população muçulmana no mundo. O processo de independência de ambos os países, em suas relações com a religião, constitui um dos temas centrais desta obra.

Assim, uma das principais contribuições de Geertz em *Observando o islã* é essa demonstração da particularidade e densidade próprias de cada cultura, com suas diferenças e variações internas. Ao mesmo tempo, ele busca entender o sentido mais geral dos referidos processos de islamização. Não se espere aqui encontrar explicações imediatas e lineares sobre os fenômenos mais recentes de choque aberto entre setores do islã com as potências hegemônicas do Ocidente, em princípio cristão. Outros autores, como Edward Said, em *Orientalismo* (1979),* dedicam-se mais diretamente a analisar a gênese característica desse antagonismo. No entanto, *Observando o islã*, ao mostrar a complexidade do islamismo em suas diferentes formas e manifestações, e certamente ajuda a iluminar as questões mais atuais de impasses e confrontos, em parte originados de desconhecimento e ignorância, mais ou menos associados a má-fé e a interesses político-econômicos poderosos.

Cabe sublinhar que a obra de Geertz em geral e este livro em particular são marcos na contribuição que a antropologia vem dan-

---

* SAID, Edward. *Orientalism*. Nova York, Vintage Books, 1979. (Ed. bras., *Orientalismo: o Oriente como invenção do Ocidente*. São Paulo: Companhia das Letras, 1990.)

do, cada vez mais conscientemente, na busca de compreender e valorizar as diferenças e os pontos de vista dos diversos *outros* com quem estamos permanentemente interagindo.

Livros publicados de Clifford Geertz

The Religion of Java. Glencoe: Illinois, The Free Press, 1960.

Agricutural Involution, the Processes of Ecological Change in Indonesia. Berkeley: University of California Press, 1963.

Peddlers and Princes. Chicago: University of Chicago Press, 1963.

The Social History of an Indonesian Town. Cambridge (Mass.): MIT Press, 1965.

Person, Time and Conduct in Bali: An Essay in Cultural Analysis. Yale: Southeast Asia Program Cultural Report Series, nº14, 1966.

Islam Observed: Religious Development in Morocco and Indonesia. New Haven: Yale University Press, 1968.

The Interpretation of Cultures: Selected Essays. Nova York: Basic Books, 1973. (Ed. bras., *A interpretação das culturas*. Rio de Janeiro: Zahar, 1978.)

Kinship in Bali (com Hildred Geertz). Chicago: University of Chicago Press, 1975.

Meaning and Order in Moroccan Society (com Hildred Geertz and Lawrence Rosen). Nova York: Cambridge University Press, 1979.

Negara: The Theater State in Nineteenth Century Bali. Princeton: Princeton University Press, 1980. (Ed. port., *Negara: o Estado-teatro no século XIX*. Lisboa: Difel, 1991.)

Local Knowledge: Further Essays in Interpretive Anthropology. Nova York: Basic Books, 1983. (Ed. bras., *O saber local: novos ensaios em antropologia interpretativa*. Petrópolis: Vozes, 2002.)

Works and Lives: The Anthropologist as Author. Stanford: Stanford University Press, 1988. (Ed. bras., *Obras e vidas: o antropólogo como autor*. Rio de Janeiro: UFRJ, 2002.)

After the Fact: Two Countries, Four Decades, One Anthropologist. Cambridge: Harvard University Press, 1995.

Available Light: Anthropological Reflections on Philosophical Topics. Princeton: Princeton University Press, 2000. (Ed. bras., *Nova luz sobre a antropologia*. Rio de Janeiro: Jorge Zahar, 2001.)

Prefácio

"Maus poetas tomam emprestado", disse T.S. Eliot, "bons poetas roubam." Neste livro tentei ser um bom poeta, tomando emprestado dos outros o que precisei e apropriando-me disso sem escrúpulos. Mas esse roubo é em grande parte geral e indefinido, um processo de seleção, absorção e reformulação quase inconsciente, de tal maneira que, passado algum tempo, já não sabemos mais de onde vem o argumento e que parcela dele nos pertence. Apenas sabemos, e mesmo assim de maneira incompleta, quais foram as principais influências sobre nosso trabalho, mas atribuir nomes específicos a passagens específicas seria necessariamente arbitrário. Assim registro somente que minha abordagem do estudo comparado das religiões tomou forma a partir de minhas reações, tanto de rejeição quanto de aceitação, aos métodos e conceitos de Talcott Parsons, Clyde Kluckhohn, Edward Shils, Robert Bellah e Wilfred Cantwell Smith, e que a presença intelectual deles pode ser encontrada, nem sempre nas formas que eles aprovariam, em todo este pequeno livro — como também a presença daquele cujo gênio tornou possível tanto o meu trabalho como o deles, Max Weber. A comprovação dos fatos é obviamente outra questão: à medida que minhas afirmações substantivas podem ter referências documentais, estas aparecem em nota bibliográfica ao final do livro.

Em quatro breves capítulos — apresentados originalmente como conferências na Fundação Terry sobre Religião e Ciência de 1967, na Universidade Yale — tentei esboçar um esquema geral para a análise comparativa da religião e aplicá-lo ao estudo do desenvolvimento de um credo supostamente único, o islã, em duas civilizações claramente distintas, a indonésia e a marroquina. A simples menção de tal programa bastaria para demonstrar sua falta de realismo. Os resultados só poderiam ser breves demais para se equivalerem, e especulativos demais para se demonstrar. Duas culturas com mais de dois mil anos dificilmente podem ser compactadas em 40 mil palavras; ainda por cima, interpretar o curso da vida espiritual dessas culturas em termos de algumas considerações de natureza geral é chegar perto da superficialidade e da confusão a um só tempo.

E, no entanto, há tanto a dizer a favor dos esboços como em defesa dos quadros acabados; e no estágio presente dos estudos sobre o islã indonésio e marroquino (para não falar da religião comparada, que praticamente inexiste como disciplina científica), esboços talvez sejam o máximo que se pode esperar. De minha parte busquei a inspiração, se tal palavra puder ser utilizada, em meu próprio trabalho de campo como antropólogo nos dois países mencionados. Em 1952-54, passei dois anos em Java estudando a vida social e religiosa de uma pequena vila no centro-oeste da ilha, acompanhando ao mesmo tempo diversos aspectos em Jacarta e em Jogjacarta. Em 1957-58 voltei à Indonésia, concentrando meus esforços em Bali, mas passando algum tempo em Sumatra e, mais uma vez, também no centro de Java. Em 1964 e outra vez em 1965-66 fiz pesquisas semelhantes no Marrocos, trabalhando principalmente numa antiga aldeia cercada de muros, no interior, mas também viajando por todo o país. O trabalho de um antropólogo, a despeito do tema declarado, tende a ser uma expressão de sua experiência de pesquisa, ou, mais precisamente, do que a experiência de pesquisa fez a ele. Isso certamente vale no meu caso. O trabalho de campo tem sido para mim intelectualmente (mas não só intelectualmente) formativo, fonte não só de hipóteses isoladas, mas de padrões inteiros de interpretação social e cultural. O conjunto do que eu vi (ou penso ter visto) na história, eu o vi (ou penso ter visto) antes nos estreitos limites de cidades e aldeias camponesas.

Diversas pessoas — em sua maioria historiadores, mas também cientistas políticos, sociólogos e economistas — se perguntaram se esse tipo de procedimento poderia ser defensável. Não se tornaria inválido ler os contornos de uma civilização inteira, de uma economia nacional, de um sistema político abrangente, de uma estrutura de classes, a partir dos detalhes de um sistema social em miniatura, por mais intimamente que ele fosse conhecido? Não seria arbitrário supor que qualquer desses sistemas sociais em miniatura — uma cidade, aldeia ou região — fosse típico do país como um todo? Não seria absurdo adivinhar a forma do passado num corpo limitado de dados extraídos do presente? A resposta para todas essas perguntas, e para outras como elas, é obviamente "sim": é inválido, arbitrário, absurdo — e impossível. Mas as perguntas foram mal colocadas. Os antropólogos não estão (ou, para ser mais ingênuo, não estão mais) tentando substituir o entendimento do mais geral pelo entendimento do local, reduzindo os Estados Unidos a Jonesville, ou o México a Yucatán. Eles tentam (ou, em termos mais precisos, eu tento) descobrir as contribuições que o entendimento das comunidades locais pode dar para a compreensão mais global, a que interpretações amplas e gerais e as descobertas mais próximas e particulares podem levar. Eu mesmo não consigo ver, exceto pelo conteúdo, como isso difere do que faz um historiador, um cientista político, um sociólogo ou um economista, pelo menos quando ele dá as costas a suas próprias versões sobre Jonesville ou Yucatán e passa a se dedicar a problemas mais amplos. Somos todos cientistas especiais agora, e nosso valor, pelo menos com relação a isso, consiste no quanto somos capazes de contribuir para uma tarefa — o entendimento da vida humana — que nenhum de nós tem competência para enfrentar sozinho.

O fato de que os insights do antropólogo, tais como eles são, derivam (em parte) de seu extenso trabalho de campo em ambientes específicos não os invalida por si mesmos. Mas se esses insights pretendem se aplicar a qualquer situação para além das observadas, se pretendem transcender suas origens locais e atingir uma relevância mais cosmopolita, elas obviamente também não poderão ser validadas na situação original. Como todas as proposições científicas, as interpretações antropológicas devem ser testadas em relação ao material que pretendem interpretar; não são suas origens que as recomendam. Para alguém que gasta a quase totalidade das etapas de pesquisa de sua vida acadêmica andando por plantações de arroz ou oficinas, falando com este lavrador ou com aquele artesão no que considera ser o vernáculo deles, a realização desse aspecto pode ser uma experiência chocante. É possível lidar com ela confinando-se num dado estágio e deixando que os outros façam o que quiserem com suas descrições (caso em que a generalização construída a partir dessas descrições tende a ser ainda mais acrítica e não-controlada); ou assumir, ainda que sem qualquer competência especial para isso, a tarefa de demonstrar que tipos menos especiais de material e problemas abordados de maneira menos precisa podem levar às mesmas espécies de análises válidas no plano local. Escolher a segunda alternativa é comprometer-se com a necessidade de sujeitar as teorias e observações a testes bem diferentes do que aqueles a que comumente são submetidos os argumentos antropológicos. O que era um domínio privado, bem subdividido e intimamente conhecido, vira um terreno estranho, muito visitado, mas pessoalmente não-familiar.

Como já disse, segui nessas conferências o segundo caminho, com um certo espírito vingativo. Ao fazê-lo, tentei perceber como se entende a história religiosa do Marrocos e da Indonésia, tanto em termos do que concluí a partir de meus trabalhos de campo quanto com relação ao que eu penso, em termos mais gerais, da religião como fenômeno psicológico, cultural e social. Mas a validade de minhas conclusões empíricas e também de minhas premissas teóricas reside, em última análise, na sua capacidade para dar sentido a dados dos quais elas não derivaram e que não foram originalmente traçados por elas. Seu teste é relativo a seu valor como macrossociologia histórica e comparada. Meio século depois da morte de Weber, sua sociologia ainda é um programa. Mas um programa digno de ser empreendido. Pois sem ele corremos o risco de ser vítimas, de um lado, da pálida negligência do relativismo radical, e, de outro, da mísera tirania do determinismo histórico.

Lloyd Fallers, Hildred Geertz, Lawrence Rosen, David Schneider e Melford Spiro concederam a versões anteriores deste texto o benefício de extensas e cuidadosas críticas, muitas das quais procurei corrigir. Sou grato a todos.

Clifford Geertz
Chicago, janeiro de 1968

1

Dois países, duas culturas

De todas as dimensões da incerta revolução que se desenrola nos novos estados da Ásia e da África, certamente a mais difícil de captar é a religiosa. Ela não é mensurável — por mais inexata que o seja — como a mudança econômica. Não é, em sua maior parte, iluminada pelas instrutivas explosões que marcam o desenvolvimento político: expurgos, assassinatos, golpes de Estado, guerras de fronteiras, rebeliões e, aqui e ali, uma eleição. Índices reconhecidos de mudança nas formas da vida social, como a urbanização, a cristalização das lealdades de classe ou o crescimento de um sistema ocupacional mais complexo, não estão inteiramente ausentes, mas são certamente mais raros e equivocados na esfera religiosa, em que o vinho envelhecido aparece com freqüência em garrafas novas, com a mesma facilidade com que velhas garrafas contêm vinho novo. Não só é muito difícil descobrir as maneiras pelas quais as formas da experiência religiosa mudam, se é que mudam; nem mesmo é claro que tipo de coisa devemos observar para descobrir isso.

O estudo comparado da religião sempre foi tomado por um embaraço peculiar: a rarefação de seu objeto. Não se trata do problema de construir definições da religião. Tivemos muitas delas, e a abundância é um sintoma de nossa doença. Trata-se de descobrir exatamente que tipo de crença e prática sustenta que tipo de fé sob que tipo de condições. Nosso problema, que piora dia a dia, não é definir religião, mas encontrá-la.

Pode parecer estranho falar isso. O que há naqueles grossos volumes sobre mitos totêmicos, ritos de iniciação, crenças em bruxaria, desempenhos xamânicos e assim por diante, que os etnógrafos compilaram com tanta dedicação por mais de um século? Ou nas obras igualmente volumosas e não mais legíveis de historiadores sobre o desenvolvimento do direito judaico, da filosofia confuciana ou da teologia cristã? Ou nos incontáveis estudos sociológicos sobre instituições como castas indianas ou sectarismo islâmico, veneração japonesa pelo imperador ou sacrifício norte-americano do gado? Não dizem respeito a nosso objeto? A resposta é simplesmente não: eles contêm o registro da busca de nosso objeto. A procura não deixou de ter algum sucesso, e nossa tarefa é mantê-la e ampliar esse sucesso. Mas o objetivo do estudo sistemático da religião é, ou pelo menos deveria ser, não só descrever idéias, atos e instituições, mas determinar como e de que maneira idéias, atos e instituições particulares sustentam, deixam de sustentar ou até mesmo inibem a fé religiosa — isto é, a firme adesão a alguma concepção supratemporal da realidade.

Não há nisso qualquer mistério nem nada de doutrinário. Significa apenas que devemos distinguir entre a atitude religiosa em relação à experiência e os tipos de aparato social que, no tempo e no espaço, têm sido habitualmente identificados como apoio a essa atitude. Isso feito, o estudo comparado da religião se transforma, de uma coleção de curiosidades, numa espécie de ciência não muito avançada; de uma disciplina que meramente registra, classifica e até mesmo generaliza a partir de dados considerados de maneira plausível, na maioria dos casos, como relacionados à religião, numa disciplina em que se fazem perguntas a esses dados, e uma delas é precisamente o que eles têm a ver com religião. Dificilmente podemos esperar ir muito longe na análise da mudança religiosa — isto é, do que acontece com a fé quando se alteram seus veículos — se não tivermos clareza sobre quais são seus veículos em cada caso particular e de que maneira (ou mesmo *se*) de fato eles promovem a fé.

Quaisquer que sejam as fontes últimas da fé de um homem ou grupo de homens, é indiscutível que ela é sustentada neste mundo por formas simbólicas e arranjos sociais. O que uma religião dada é — seu conteúdo específico — está incorporado nas imagens e metáforas que seus seguidores usam para caracterizar a realidade; faz muita diferença, como Keneth Burke certa vez observou, chamar a vida de sonho, de peregrinação, de labirinto ou de carnaval. Mas a carreira de uma tal religião — seu curso histórico — repousa, por sua vez, sobre as instituições que colocam essas imagens e metáforas à disposição daqueles que as empregam. Na verdade, não é muito mais fácil conceber o cristianismo sem Gregório Magno do que sem Jesus. Ou, se a observação parece tendenciosa (o que não é), o islã sem o ulemá do que sem Maomé; a hinduísmo sem a casta do que sem os vedas; o confucionismo sem o mandarinato do que sem os analectos; a religião Navajo sem o caminho da beleza do que sem a entidade feminina representada pela aranha. A religião pode ser uma pedra lançada na terra; mas deve ser uma pedra palpável, e alguém deve lançá-la.

Se aceitamos isso (e não aceitar o resultado é subtrair a religião não só da análise acadêmica e do discurso racional, mas da vida como um todo), até mesmo um breve olhar sobre a situação religiosa dos novos estados, considerados coletivamente ou em separado, revela a principal direção da mudança: ficarão expostas, para certas pessoas e em certas circunstâncias, as conexões estabelecidas entre variedades particulares de fé e o conjunto de imagens e instituições que classicamente as alimentaram. Nos novos estados, como nos antigos, a questão intrigante para o antropólogo é: "Como reagem os homens de sensibilidade religiosa quando o maquinário da fé começa a desgastar-se? O que fazem quando as tradições vacilam?"

Fazem, obviamente, todo tipo de coisas. Perdem sua sensibilidade. Ou canalizam-na para o fervor ideológico. Ou adotam um credo importado. Ou se voltam, preocupados, para si mesmos. Ou se agarram ainda mais fortemente às tradições em decadência. Ou tentam recompor essas tradições em formas mais efetivas. Ou se dividem ao meio, vivendo espiritualmente no passado e fisicamente no presente. Ou tentam expressar sua religiosidade em atividades seculares. Alguns poucos simplesmente não percebem que seu mundo está mudando e, quando percebem, simplesmente entram em colapso.

Mas essas respostas gerais não são em verdade muito esclarecedoras, não só porque são gerais, mas porque vão além daquilo que mais desejamos saber: por que meios, por quais processos sociais e culturais acontecem esses movimentos em direção ao ceticismo, ao entusiasmo político, à conversão, ao revivalismo, ao subjetivismo, ao pietismo secular, ao reformismo, à adoção de um padrão duplo? Que novas formas de arquitetura abrigam essas mudanças cumulativas?

Ao tentar responder a grandes questões como estas, o antropólogo sempre se inclina em direção ao concreto, ao particular, ao microscópico. Somos os miniaturistas das ciências sociais, pintando em telas liliputianas com movimentos que consideramos delicados. Esperamos encontrar no pequeno o que nos escapa no grande, tropeçar em verdades gerais em meio aos casos específicos. Eu espero — e, com esse espírito, eu quero — discutir a mudança religiosa nos dois países onde trabalhei por algum tempo, a Indonésia e o Marrocos. De certos pontos de vista, eles constituem uma estranha dupla: um país tropical asiático um tanto supercivilizado e rarefeito, salpicado de cultura holandesa; e outro, mediterrâneo, tenso, árido, puritano e com um verniz francês. Mas de outros pontos de vista — inclusive no fato de que a ambos se aplica num sentido amplo o termo "islâmico" — permitem uma comparação instrutiva. Ao mesmo tempo muito diferentes e muito semelhantes, cada um deles é como que uma espécie de comentário sobre o caráter do outro.

A semelhança mais óbvia é, como disse, a filiação religiosa; mas esta é, pelo menos em termos culturais, a mais óbvia dessemelhança. Os dois países situam-se nas extremidades oriental e ocidental da estreita faixa da civilização islâmica clássica que, surgindo na Arábia, se estendeu ao longo da linha média do Velho Mundo para conectar essas duas pontas; assim situados, participaram da história dessa civilização de maneiras muito diferentes, em medidas muito díspares e com resultados diversos. Ambos se inclinam em direção a Meca, mas, antípodas do mundo muçulmano, curvam-se em direções opostas.

Como país muçulmano, o Marrocos é, claro, o mais antigo. Seu primeiro contato com o islã — um contato militar, quando os omíadas fizeram sua efêmera tentativa de ter soberania sobre "todo o mundo habitado" de Alexandre — ocorreu no século VII, 50 anos apenas depois da morte de Maomé; e em meados do século VIII uma base muçulmana sólida, quase indestrutível, tinha sido estabelecida.

Durante os três séculos seguintes ela se tornou indestrutível, e começou a grande era do islã berbere, aquela para a qual Ibn Kaldun se voltava com tanta admiração cultural e tanto desespero sociológico. Uma depois da outra, as famosas dinastias reformistas — Almorávidas, Almóadas, Merinides — varreram aquilo que os franceses, com certa candura colonial, chamavam de *le Maroc inutile* [o Marrocos inútil], as fortificações e os oásis do pré-Saara, os pequenos rios e platôs do Alto Atlas, e os desertos da estepe argelina, para *le Maroc inutile* [o Marrocos útil], as suaves e bem regadas planícies dos Atlas. Construindo e reconstruindo as grandes cidades do Marrocos — Marrakech, Fez, Rabat, Salé, Tetuan —, penetraram na Espanha muçulmana, absorveram sua cultura e, reformulando-a de acordo com seu próprio ethos mais ativo, reproduziram uma versão simplificada dela do seu lado de Gibraltar. O período de formação, tanto do Marrocos como nação quanto do islã como seu credo (aproximadamente de 1050 a 1450), consistiu num processo peculiar de periferias tribais caindo sobre um centro agrícola e civilizando-o. Foi a periferia do país, suas fronteiras ásperas e estéreis, que alimentou e de fato criou a avançada sociedade que se desenvolveu no centro.

Com o passar do tempo, naturalmente aumentou o contraste entre artesãos, notáveis, eruditos e comerciantes, reunidos dentro dos muros das grandes cidades, e os fazendeiros e pastores, esparsamente distribuídos no campo à volta delas. Os primeiros desenvolveram uma sociedade sedentária, centrada no comércio e no artesanato; os últimos, uma sociedade centrada no pastoreio e na lavoura. Mas a diferença entre as duas sociedades estava longe de ser absoluta; o homem da cidade e o do campo não viviam em mundos culturais díspares, mas, com a possível exceção de uns poucos e reclusos montanheses, no mesmo mundo, ainda que situados em lugares diferentes. A sociedade urbana e a rural eram estados diferentes de um único sistema (e existiam de fato meia dúzia de versões de cada uma delas). E se afetavam mutuamente: sua interação, ainda que muitas vezes antagônica, era contínua e intensa, e forneceu a dinâmica central da mudança histórica no Marrocos desde a fundação de Fez, no começo do século IX, até sua ocupação pelos franceses no começo do século XX.

Havia muitas razões para isso. A primeira era que, como foi dito, as cidades estavam na base das criações tribais, e assim permaneceram, a não ser por certos momentos transitórios de introversão. Cada uma das principais fases da civilização (e as secundárias também) começou pela invasão dos muros por parte de algum chefe local cobiçoso, cujo zelo religioso era fonte de ambição e de posição de chefia.

Em segundo lugar, a combinação da intromissão nas planícies ocidentais de saqueadores beduínos, depois do século XIII, com o fato de que o Marrocos não se localiza no centro do mundo produtor de grãos, porém em suas fronteiras mais longínquas, impediu o desenvolvimento de uma cultura camponesa madura, capaz de proteger os membros das tribos dos urbanitas, o que permitiu que estes seguissem de maneira independente seus próprios caminhos, extraindo taxas e tributos dos camponeses. Do modo como se deu, nem a vida urbana nem a rural eram inteiramente viáveis. As cidades, sob a liderança de vizires e sultões, tentavam sempre se expandir para controlar as tribos. Mas estas se mantinham agitadas e refratárias. A incerteza do pastoreio e da agricultura nesse ambiente climaticamente irregular, fisicamente pobre e um tanto deteriorado, impelia os membros das tribos, ora para as cidades, como conquistadores ou como refugiados; ora para longe do alcance delas, nos caminhos das montanhas ou nos ermos desertos; ora, ainda, para as cercanias urbanas, onde bloqueavam as rotas de comércio do qual as cidades empenhavam-se em extorqui-las. O metabolismo político do Marrocos tradicional consistia em duas economias que operavam de modo intermitente e tentavam, segundo a estação e a circunstância, alimentar-se mutuamente.

Em terceiro lugar, as cidades não eram ilhas de cristal num mar informe. A fluidez da vida urbana era pouco menor que a da rural, apenas um pouco mais confinada, e as formas da sociedade tribal eram tão claramente estabelecidas quanto as da metropolitana. De fato, ajustadas a ambientes diversos, tinham as mesmas formas, eram animadas pelos mesmos ideais. O que variava no Marrocos tradicional era menos o tipo de vida que os diferentes grupos tentavam levar do que os nichos ecológicos onde procuravam viver.

Exceto nas decorações andaluzas, nos modos berberes e na arte diplomática árabe, o estilo básico de vida no *Maroc disparu* [o Mar-

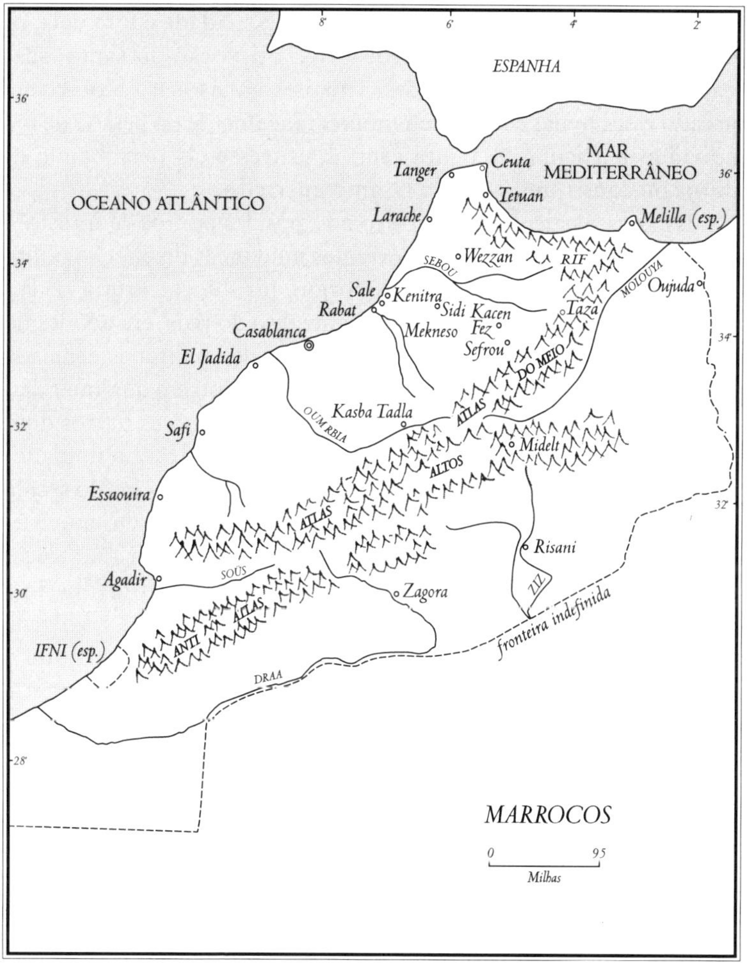

ESPANHA
MAR MEDITERRÂNEO
OCEANO ATLÂNTICO
Tanger
Ceuta
Tetuan
Larache
Melilla (esp.)
Wezzan
RIF
SEBOU
MOLOUYA
Oujuda
Sale
Kenitra
Rabat
Sidi Kacen
Taza
Casablanca
Mekneso
Fez
Sefrou
El Jadida
DO MEIO
ATLAS
Kasba Tadla
OUM RBIA
Safi
Midelt
ALTOS
Essaouira
ATLAS
Risani
Agadir
SOÛS
Zagora
ZIZ
ANTI ATLAS
fronteira indefinida
IFNI (esp.)
DRAA
MARROCOS
0
95
Milhas

rocos desaparecido] — para usar outro termo da afiada retórica do protetorado — era aproximadamente o mesmo em todo lugar: enérgico, fluido, violento, visionário, devoto e não sentimental, mas acima de tudo auto-afirmativo. Era uma sociedade em que muitas coisas giravam em torno da força do caráter, e a maior parte do restante, ao redor da reputação espiritual. Na cidade e fora dela, os temas eram a política do homem forte, a devoção do santo; suas realizações pequenas e grandes, tribais e dinásticas, aconteciam quando esses temas se fundiam momentaneamente na pessoa de um indivíduo particular. A figura central, estivesse ela derrubando os muros ou construindo-os, era o santo guerreiro.

Isso fica particularmente claro nos grandes pontos de transição da história do Marrocos, as recorrentes mudanças de direção política em que sua identidade social se forjou. Idris II, construtor de Fez no século IX e primeiro rei propriamente dito do país, era ao mesmo tempo descendente do profeta, vigoroso líder militar e dedicado purificador religioso, e não teria significado muito em qualquer desses papéis se não tivesse ostentado ao mesmo tempo os outros dois. Tanto o movimento almorávida quanto o almóada foram fundados — o primeiro em meados do século XI, o outro em meados do século seguinte — por reformadores visionários de volta do Oriente Médio, determinados não só a atacar o erro como também a destroçar os responsáveis por ele. A exaustão, no século XV, da revolução a que deram início e o colapso da ordem política que a revolução criara foram seguidos por aquele que provavelmente constituiu o maior deslocamento espiritual jamais experimentado pelo país: a assim chamada crise dos marabus. Santos locais, ou marabus — descendentes do profeta, líderes de irmandades sufi, ou simplesmente indivíduos espertos que tinham conseguido fazer acontecer algo estranho — apareciam de todos os lados para tentar chegar ao poder. O período de anarquia teocrática e entusiasmo sectário então inaugurado só foi detido (e muito parcialmente) dois séculos mais tarde, com a ascensão, sob mais um descendente reformista de Maomé, da ainda reinante dinastia Alavita. E, finalmente, quando depois de 1911 os franceses e espanhóis chegaram para assumir o controle direto do país, foram alguns desses marabus marciais, espalhados ao longo das fronteiras do reino em declínio, que reuniram a população ou partes dela para a última tentativa corajosa e deses-

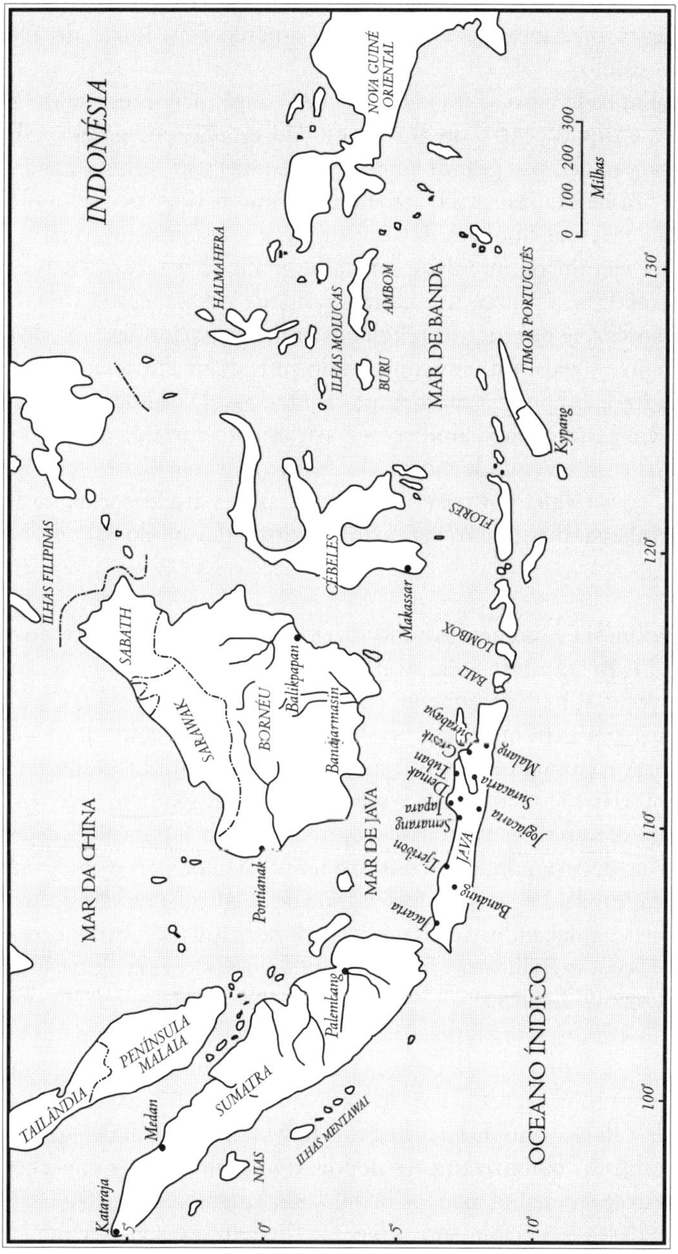
INDONÉSIA
MAR DA CHINA
ILHAS FILIPINAS
SABATH
SARAWAK
BORNÉU
Balikpapan
Bandjarmasin
Pontianak
CÉBELES
Makassar
HALMAHERA
ILHAS MOLUCAS
BURU
AMBOM
NOVA GUINÉ ORIENTAL
MAR DE BANDA
TIMOR PORTUGUÊS
Kypang
FLORES
LOMBOX
BALI
Surabaya
Gresik
Tuban
Demak
Japara
Semarang
Tjeribon
Jacarta
Bandung
Jogjacarta
Suracarta
Malang
JAVA
MAR DE JAVA
OCEANO ÍNDICO
TAILÂNDIA
PENÍNSULA MALAIA
SUMATRA
Medan
Kataraja
Palemlang
NIAS
ILHAS MENTAWAI
0 100 200 300
Milhas
5°
0°
5°
10°
100°
110°
120°
130°

perada de restaurar a velha ordem — o Marrocos que tinha começado lenta mas inexoravelmente a desaparecer ao longo do último meio século.

Em todo caso, o traço característico que nos interessa no Marrocos é que o centro de gravidade não estava, por paradoxal que possa parecer, nas grandes cidades, mas nas tribos móveis, agressivas, ora federadas, ora fragmentadas, que não só as exploravam e atacavam, mas também davam forma ao crescimento do país. Das tribos vieram os impulsos formadores da civilização islâmica do Marrocos, e a marca de sua mentalidade permaneceu, apesar dos requintes que os eruditos religiosos árabes e espanhóis, isolados das correntes locais, tinham conseguido introduzir em poucos cantões isolados e em poucos momentos cromáticos. O islã nessas terras foi — e em certa medida ainda é — basicamente o islã da adoração aos santos e da severidade moral, do poder mágico e da devoção agressiva, e isso valia em termos práticos tanto para as vielas de Fez e Marrakech quanto para as vastidões dos Atlas ou do Sahara.

A Indonésia é, como costumo dizer, um caso inteiramente diverso. Ela é e foi durante toda a era cristã uma sociedade basicamente camponesa, particularmente em Java, o centro do poder. O cultivo intensivo e extremamente produtivo do arroz irrigado forneceu os principais fundamentos econômicos de sua cultura desde tempos imemoriais. E — mais que o agressivo xeque, inquieto e extrovertido, cuidando de seus recursos, cultivando sua reputação e esperando sua oportunidade — seu arquétipo nacional é o introvertido semeador de 20 séculos, assentado, industrioso, cuidando de sua lavoura, aplacando os vizinhos e alimentando os superiores. No Marrocos, a civilização foi construída com a coragem; na Indonésia, com a diligência.

Além disso, a civilização indonésia clássica foi fundada sobre uma base representada por uma economia camponesa espetacularmente produtiva, e não era islâmica em sua origem, mas indiana. De modo diferente ao de sua chegada ao Marrocos, o islã — que só foi introduzido definitivamente depois do século XIV — não chegou, com exceção de uns poucos bolsões em Sumatra, Bornéu e Célebes, a uma área essencialmente virgem no que dizia respeito à alta cultura, mas a uma das mais elevadas criações sociais, religiosas, estéticas e políticas da Ásia, o estado hindu-budista javanês, que, embora começando a enfraquecer, tinha lançado raízes tão profundas na sociedade indonésia (especialmente em Java, mas não só lá), que deixou sua marca na islamização e no imperialismo holandês, assim como no moderno nacionalismo. Talvez isso valha tanto para a civilização quanto para os homens — embora eles possam mudar mais tarde. As dimensões fundamentais do caráter dos homens, a estrutura de possibilidades dentro da qual, em certo sentido, elas sempre se moverão, foram construídas no plástico período de sua formação inicial. No Marrocos esse período foi o das dinastias berberes que, quaisquer que fossem suas peculiaridades locais, eram pelo menos em geral guiadas por ideais e conceitos islâmicos. Na Indonésia, foi a era dos grandes estados hinduístas — Mataram, Singosari, Kediri, Madjapahit —, que, embora também formados por tradições locais, eram em geral guiados pelas teorias hinduístas da verdade cósmica e da virtude metafísica. Na Indonésia, o islã não construiu uma civilização, ele se apropriou dela.

Tanto o fato de que o principal impulso para o desenvolvimento de uma cultura mais complexa — uma verdadeira organização estatal, o comércio de longa distância, a arte sofisticada, a religião universalista — derivou de uma sociedade camponesa central, em torno da qual giravam regiões periféricas menos desenvolvidas, e não o contrário, quanto o fato de que o islã penetrou nessa cultura bem depois que ela estava firmemente estabelecida dão conta da forma geral assumida pelo maometanismo na Indonésia. Comparado ao Norte da África, ao Oriente Médio e mesmo à Índia muçulmana — cujo tipo de fé é o que mais lembra o da Indonésia —, o islamismo indonésio foi até há pouco tempo bastante maleável, experimental, sincrético e, o que é mais significativo, variado em suas expressões. O que para tantas partes do mundo, e certamente para o Marrocos, foi uma poderosa, quando não sempre triunfante, força em favor da homogeneização cultural e do consenso moral na padronização das crenças e valores fundamentais, para a Indonésia constitui uma força não menos poderosa em favor da diversificação cultural e da cristalização de noções muito variadas, até mesmo incompatíveis, sobre como o mundo é na realidade e, portanto, sobre como nele se deve viver. Na Indonésia, o islã assumiu muitas formas, nem todas seguindo o Alcorão, e a uniformidade não figurava entre as coisas que ele trouxe consigo para o grande arquipélago.

Em todo caso, o islã chegou pelo mar e nos calcanhares do comércio, e não por meio da conquista. Seus triunfos iniciais se deram, conseqüentemente, ao longo das áreas costeiras do tranqüilo mar de Java e seus acessos — os portos ruidosos, os principados mercantis do norte de Sumatra, do sul de Bornéu, das Célebes e, mais importante, do norte de Java. Nas áreas não javanesas a nova fé (de qualquer modo nova na forma, como chegara à ilha vinda da Índia, e não da Arábia, não era tão nova na substância) ficou em geral restrita às áreas costeiras, às cidades portuárias e seus arredores. Mas em Java, onde o centro de gravidade cultural ficava no interior, nas grandes bacias vulcânicas, e onde a presença européia ao longo da costa logo se tornou a força principal, ela teve uma carreira diferente. Nos enclaves da ilha vizinha, ela permaneceu, ou pelo menos se tornou o tipo de credo exclusivista, não estetizado e enfático que associamos à linha principal da tradição muçulmana, embora mesmo aí a mistura com o panteísmo indiano, tanto no arquipélago quanto no subcontinente, tenham lhe dado uma tendência perceptivelmente teosófica. Em Java, porém — onde, afinal, vivia a esmagadora maioria dos muçulmanos indonésios —, essa aparência se tornou a um só tempo muito mais profunda e menos difundida.

À medida que os holandeses chegavam a Java, do século XVII ao XIX, teve lugar um curioso processo de diversificação cultural e religiosa, sob a cobertura da islamização geral. As classes comerciais nativas, entre as quais o islã formara as mais fortes bases, foram afastadas do comércio internacional e dirigiram-se ao comércio doméstico, e, portanto, da costa para o interior; as classes dirigentes altamente indianizadas foram reduzidas ao status de funcionários civis, administrando as políticas holandesas no nível local; o campesinato, atraído cada vez mais para a órbita da economia colonial de exportação, voltou-se sobre si mesmo, num paroxismo de solidariedade defensiva. E cada um desses grupos principais absorveu o impulso islâmico de maneira diferente.

A pequena nobreza, destituída do ritualismo, mas não do panteísmo hinduísta, se tornou cada vez mais subjetivista, cultivando uma abordagem essencialmente iluminacionista do divino, uma espécie de gnosticismo do Extremo Oriente, completo, com especulações cabalistas e exercícios metapsíquicos. O campesinato absorveu práticas e conceitos islâmicos, à proporção que os compreendia, na mesma religião popular do sudeste asiático que havia absorvido previamente a religião indiana, aprisionando espíritos, deuses, *jins* e profetas em conjunto num animismo extremamente contemplativo e até mesmo filosófico. E as classes comerciais, baseando-se cada vez mais pesadamente nas peregrinações a Meca como via de acesso ao mundo islâmico, desenvolveram compromisso entre o que fluía em sua direção por essa linha (e de seus colegas mais simples nas ilhas vizinhas) e o que encontravam em Java, para produzir um sistema religioso não suficientemente doutrinário para pertencer ao Oriente Médio, nem suficientemente etéreo para pertencer ao sul da Ásia. O resultado disso tudo é o que se pode propriamente chamar de sincretismo, mas um sincretismo que diferia marcadamente na ordem de seus elementos, no peso, no significado atribuído a seus vários aspectos e — o que é mais importante —, crescentemente, de um setor da sociedade para outro.

Em suma, dizer que o Marrocos e a Indonésia são sociedades islâmicas — no sentido de que nelas a maioria das pessoas (mais de nove em cada dez pessoas de ambas as populações) professam ser muçulmanas — aponta tanto para suas diferenças quanto para suas semelhanças. A fé religiosa, mesmo quando derivada de uma fonte comum, é tanto uma força particularizante quanto generalizante; e, de fato, qualquer que seja a universalidade atingida por uma dada tradição religiosa, ela surge de sua capacidade de envolver um conjunto cada vez mais amplo de concepções de vida individuais e mesmo idiossincráticas, e, de alguma forma, de sua aptidão para sustentar e elaborar todas elas. Quando tem sucesso, o resultado pode ser tanto a distorção dessas visões pessoais quanto seu enriquecimento; mas, em qualquer caso, seja deformando as crenças privadas ou aperfeiçoando-as, a tradição em geral prospera. Quando, porém, deixa de dar conta dessa tarefa, ela se congela em escolástica, ou se evapora em idealismo, ou desaparece em ecletismo; quer dizer, deixa de existir, exceto como fóssil ou sombra. O paradoxo central do desenvolvimento religioso é que, por causa do âmbito cada vez mais amplo de experiência espiritual com que a religião é forçada a lidar, quanto mais ela avança, mais precária se torna. Seus sucessos geram suas frustrações.

Esse foi com certeza o caso do islã no Marrocos e na Indonésia. E isso vale tanto quando falamos sobre aquela evolução espiritual espontânea, e na maior parte das vezes lenta, que teve lugar desde a implantação do credo até algum momento por volta do começo do século passado ou do final do anterior, como quando nos referimos aos dolorosos questionamentos autoconscientes que, com velocidade cada vez maior e insistência crescente, se acumulam desde aquele tempo. Em ambas as sociedades, a despeito das radicais diferenças no curso histórico real e no resultado último (isto é, contemporâneo) de seu desenvolvimento religioso, a islamização foi um processo duplo. De um lado, consistiu num esforço de adaptar um bem-integrado sistema de ritual e crenças universal e teoricamente padronizado e em essência imutável às realidades da percepção metafísica e moral locais e até mesmo individuais. De outro, constituiu uma luta para manter, diante dessa flexibilidade adaptativa, a identidade do islã não apenas como religião em geral, mas como diretiva particular comunicada por Deus à humanidade pelas profecias imperativas de Maomé.

A tensão entre essas duas necessidades — que crescia progressivamente à medida que, primeiro gradualmente e depois explosivamente, aumentava a variabilidade e a incomensurabilidade na maneira como os homens viam e avaliavam a vida sob a influência de diferentes experiências históricas, da maior complexidade social e do aumento da autoconsciência — constituiu a dinâmica subjacente à expansão do islã nos dois países. Mas foi também essa tensão que levou o islã, nos dois casos, ao que, sem fazer concessões ao tom apocalíptico de nossos tempos, pode ser chamado legitimamente de crise. Na Indonésia, assim como no Marrocos, o choque entre o que o Alcorão revela, ou o que a tradição sunita (isto é, ortodoxa) considera que ele revela, e o que os homens que se chamam de muçulmanos na realidade acreditam se torna cada vez mais inevitável. Isso não acontece só porque a distância ficou maior. Ela sempre foi muito grande, e eu não gostaria de ser obrigado a afirmar que o camponês javanês ou o pastor berbere de 1700 estavam mais próximos do islã de Ash-Shafi'i ou Al-Ghazali do que a juventude ocidentalizada da Jacarta ou da Rabat nos dias de hoje. É porque, dada a crescente diversificação da experiência individual, a impressionante diversidade que é a marca da consciência moderna, a tarefa do islã (e de fato de qualquer tradição religiosa) de informar a fé de homens particulares e de ser informado por ela vem se tornando cada vez mais difícil. Uma religião que seja tolerante nesses dias tem pela frente grande variedade de mentalidades em relação às quais exercer sua tolerância; e a pergunta sobre se ela pode fazê-lo e, ainda assim, continuar como uma força específica e persuasiva com forma e identidade próprias assume um tom cada vez mais problemático.

As estratégias gerais seguidas no Marrocos e na Indonésia durante o período pré-moderno para enfrentar esse dilema central — como trazer mentes exóticas para a comunidade islâmica sem trair a visão que a criou — foram, como já indiquei, notavelmente diferentes, em verdade quase diametralmente opostas; e o resultado disso é que as formas das crises religiosas que hoje suas populações enfrentam são até certo ponto imagens especulares.

No Marrocos, a via desenvolvida foi de um rigor sem concessões. O fundamentalismo agressivo, uma tentativa atuante de impor uma ortodoxia sem jaça a uma população inteira, se tornou o tema central em meio às lutas. Isso não quer dizer que o esforço tenha tido sucesso uniforme, ou que o conceito de ortodoxia que surgiu seja necessariamente reconhecido como tal no resto do mundo islâmico. Mas, diferenciado e talvez errante como foi, o islamismo marroquino veio ao longo dos séculos a incorporar uma marcada pressão rumo ao perfeccionismo religioso e moral, uma determinação persistente para estabelecer um credo purificado, canônico e completamente uniforme numa situação superficialmente muito pouco promissora.

O modo de ataque indonésio (e especialmente o javanês) foi, como disse, exatamente o contrário: adaptativo, absorvente, pragmático e gradual; uma questão de compromissos parciais, semiacordos e puras e simples evasões. O islamismo que daí resultou nem mesmo pretendia a pureza, mas a amplitude; não a intensidade, mas a largueza de espírito. Aqui outra vez não devemos tomar o objetivo pela realização, nem negar a presença de casos impossíveis de se classificar. Mas está fora de dúvida que, ao longo de seu curso, o islã na Indonésia foi tão prudente em espírito quanto foi utópico no Marrocos. Também não há dúvida de que, quaisquer que tenham sido suas virtudes originais, nenhuma dessas estratégias, nem a cautelosa nem a direta, está hoje em perfeito funcionamento, e a islamização dos dois países encontra-se portanto em risco, não só de deixar de avançar, mas até de começar a retroceder.

No que diz respeito à religião, então, a história desses dois povos é essencialmente a história de como eles chegaram, ou mais precisamente estão em vias de chegar, a formas inversas da mesma dificuldade. Mas, em contraste pelo menos parcial ao modo como a confusão espiritual é concebida no Ocidente, essa dificuldade é menos uma questão daquilo em que acreditar do que da maneira de acreditar. Vista como fenômeno social, cultural e psicológico (isto é, humano), a religiosidade não é meramente saber a verdade, ou o que é tido como verdade, mas incorporá-la, vivê-la e dar-se a ela incondicionalmente.

No curso de suas histórias sociais em separado, marroquinos e indonésios criaram, em parte de acordo com tradições islâmicas, em parte com outras tradições, imagens da realidade última em termos das quais tanto viam a vida quanto procuravam vivê-la. Como todas as concepções religiosas, essas imagens levavam dentro delas sua própria justificação; os símbolos (ritos, lendas, doutrinas, objetos, acontecimentos) pelos quais se expressavam eram, para os que a eles respondiam, intrinsecamente coercitivos, imediatamente persuasivos — brilhavam com sua própria autoridade. É essa qualidade que parece estar se perdendo de modo gradual, pelo menos para uma pequena mas crescente minoria. O que é considerado verdade não mudou para essas pessoas, ou pelo menos não mudou muito. O que mudou foi o modo de acreditar. Onde outrora havia fé, há agora razões, e não muito convincentes; o que eram respostas são agora hipóteses, e meio gastas. Há muito ceticismo no ar, ou até mesmo muita hipocrisia consciente, mas há também boa medida de solene auto-engano.

No Marrocos isso aparece com maior freqüência como uma simples disjunção entre as formas da vida religiosa, particularmente as mais propriamente islâmicas, e a substância da vida cotidiana. A devoção assume o aspecto de uma segregação quase deliberada entre o que se aprende com a experiência e aquilo que se recebe da tradição, de modo que a perplexidade é mantida sob controle, e a doutrina é conservada intacta, enquanto não se confrontar o mapa com a paisagem que ele deveria iluminar — a utopia é preservada tornando-se ainda mais utópica. Na Indonésia aparece com maior freqüência como uma proliferação de abstrações tão generalizadas, símbolos tão alusivos e doutrinas tão programáticas, que podem ser adaptados a qualquer forma de experiência. A eloqüência do que se sente é abafada com uma cobertura de teorias vazias que, tocando tudo, não alcançam nada — a cautela termina numa grande impressão. Mas formalismo ou idealismo chegam ao mesmo ponto: possuir convicções religiosas em lugar de ser possuído por elas.

Tudo isso, porém, apenas começa a aparecer; ambas as populações ainda aderem aos símbolos clássicos e os acham atraentes. Ou pelo menos em grande medida; a mera percepção — por parte daqueles para os quais a maquinaria herdada da fé ainda funciona passavelmente (o que provavelmente sempre aconteceu) — de que ela não funciona nem de longe tão bem para um número crescente de outras pessoas, lança uma certa sombra sobre suas próprias crenças. E o que é ainda mais importante: aqueles para os quais o grande poder dos símbolos clássicos enfraqueceu não ficaram, com esparsas exceções, infensos a esse poder, de tal modo que, em vez de optar por uma abordagem interna ou externa às crenças, flutuam de modo incerto e irregular entre elas, vendo os símbolos ora como emanações do sagrado, ora como suas representações. Exceto por uns poucos tradicionalistas intocados, em um pólo, e um número ainda menor de secularistas radicais, no outro, a maioria dos marroquinos e indonésios se alternam entre a religiosidade e o que poderia ser chamado de mentalidade religiosa; fazem isso com tal variedade de modos e com tal velocidade que é muito difícil, em qualquer caso particular, dizer onde uma começa e a outra termina. Nisso, como em tantas coisas, eles estão, como a maioria dos povos do Terceiro Mundo e como, na verdade, a maioria dos do Primeiro e do Segundo, inteiramente misturados. Com o passar do tempo, o número de pessoas que deseja acreditar, ou pelo menos sente que deveria acreditar, diminui com muito menos rapidez do que o número dos que são, num sentido propriamente religioso, capazes de acreditar. E nesse fato que mais parece um dado demográfico reside o interesse da religião para aqueles dentre nós que gostariam de desvelar a dinâmica e descobrir as direções da mudança social nos novos estados da Ásia e da África.

Alterações na feição geral da vida espiritual e no caráter da sensibilidade religiosa são mais do que simples reorientações intelectuais ou mudanças de clima emocional, mudanças etéreas da mente. Elas são também, e de modo mais profundo, processos sociais, transformações na qualidade da vida coletiva. Entre os seres humanos, nem o pensamento nem o sentimento são autônomos, um fluxo autocontido de subjetividade, mas cada um deles depende da utilização pelos indivíduos dos "sistemas de significação" socialmente disponíveis, construções culturais incorporadas na linguagem, costumes, arte e tecnologia — isto é, nos símbolos. Isso vale tanto para a religiosidade quanto para qualquer outro atributo humano. Sem padrões de significado coletivamente desenvolvidos, socialmente transmitidos e culturalmente objetivados — mitos, ritos, doutrinas, fetiches ou o que seja — eles não existiriam. E quando esses padrões se alteram, como, dada a transitoriedade das coisas terrenas, inevitável e continuamente fazem, eles também mudam. À medida que a vida se move, a persuasão se move com ela e ajuda a movê-la. De modo mais direto, como quer que Deus seja ou deixe de ser — vivo, morto ou simplesmente convalescente —, a religião é uma instituição social; a adoração, uma atividade social; e a fé, uma força social. Traçar o padrão de suas mudanças não é colecionar relíquias da revelação, nem montar uma crônica do erro. É escrever uma história social da imaginação.

É esse tipo de história, condensada e generalizada, que esboçarei para o Marrocos e para a Indonésia nos próximos dois capítulos; depois usarei essa história no capítulo final, como base para alguns comentários ainda menos circunstanciais sobre o papel da religião na sociedade em geral.

No próximo capítulo traçarei o desenvolvimento e caracterizarei a natureza do que podemos chamar, para poder dar-lhe um nome, de estilos religiosos clássicos no Marrocos e na Indonésia. Como em qualquer estilo, estes também não nasceram adultos, mas evoluíram a partir de outros. Assim, não apresentarei um instantâneo de algo chamado "religião tradicional" que, como diz a língua do Marrocos, "simplesmente veio e ficou," mas tentarei mostrar, de maneira gradual e vária, e com mais de um atraso e desvio, como concepções características da natureza do divino e de que modo os homens devem se aproximar dele acabaram por se estabelecer razoavelmente bem em cada um desses países.

Para fazer isso é necessário realizar diversas coisas. Primeiro, a mera história do que veio depois do quê e quando deve ser pelo menos esboçada; sem uma seqüência, as descrições do passado são catálogos ou contos de fadas. Segundo, os principais temas conceituais que foram produzidos dessa maneira devem ser isolados e relacionados entre si, e suas corporificações simbólicas, veículos culturais de sua expressão, devem ser descritas com certa especificidade, de modo que as idéias não fiquem flutuando no mundo das sombras dos objetos platônicos, mas tenham uma habitação e um nome locais. Finalmente, e talvez o mais importante, o tipo de ordem social em que tais idéias poderiam parecer e parecem, para quase todo mundo, não apenas apropriadas, mas inevitáveis — não só opiniões meritórias sobre uma realidade desconhecida que era prudente ou honroso entreter, mas percepções autênticas de uma realidade conhecida que seria impossível negar —, deve ser esboçado e analisado. Se a célebre afirmação de Durkheim de que Deus é o símbolo da sociedade está incorreta, como acredito que está, ainda permanece correto que tipos particulares de fé (assim como tipos particulares de dúvida) florescem em tipos particulares de sociedades; e a contribuição da sociologia comparativa da religião para o entendimento geral das dimensões espirituais da existência humana começa e termina na descoberta da natureza dessas interconexões empíricas, de acordo com certas leis. As razões materiais pelas quais o islã marroquino se tornou ativista, dogmático, rigoroso e mais do que um pouco antropólatra, e pelas quais o da Indonésia se tornou sincrético, reflexivo, variado e notavelmente fenomenológico residem, pelo menos em parte, no tipo de vida coletiva dentro da qual e no correr da qual os dois países evoluíram.

As alterações fundamentais nessa vida coletiva nos últimos 75 ou 100 anos, o movimento em direção do que vagamente e um tanto equivocamente chamamos de modernismo, por sua vez, implicaram alterações semelhantes nesses estilos religiosos clássicos, e é a isso — a interação entre a mudança religiosa e a mudança social — que devotarei o terceiro capítulo.

A força motriz dessa metamorfose social e cultural ainda longe de se completar é em geral atribuída ao impacto ocidental, ao abalo das fundações da cultura tradicional da Ásia e da África pelo dinamismo da Europa industrial. Isso, é claro, não está errado; mas a energia desse estímulo externo foi convertida, não só na Indonésia e no Marrocos, mas onde quer que tenha sido sentida, em mudanças internas: mudanças nas formas de atividade econômica; na organização política; nas bases da estratificação social; nos valores morais e nas ideologias; na vida familiar, na educação; e, talvez mais criticamente, nas mudanças na percepção do sentido das possibilidades da vida, das noções daquilo pelo qual se pode trabalhar ou mesmo esperar no mundo. Foram essas mudanças internas, e não, pelo menos em sua maior parte, a cultura européia como tal, que provocaram de um lado a resposta na forma das mudanças religiosas; e de outro que a estimularam. Só uma minoria ínfima em cada uma dessas sociedades teve um contato verdadeiramente íntimo com a civilização européia, e a maioria dos contatos reais são muito distorcidos, muito recentes ou as duas coisas ao mesmo tempo. O que a maioria das pessoas experimentou foram as transformações que as atividades daquela civilização acarretaram na sua própria civilização. Quaisquer que sejam as provocações externas, e independentemente de empréstimos de fora, a modernidade, como o capital, é basicamente feita em casa.

A crise religiosa no Marrocos e na Indonésia foi e ainda está sendo gerada no enfrentamento interno de formas estabelecidas da fé com condições alteradas de vida, e é desse enfrentamento que a resolução dessa crise, se ela tiver uma resolução, deve sair. Se dermos ao termo "modernização" algum significado substancial e revelarmos suas implicações espirituais, devem ser descobertas as conexões entre as mudanças nos estilos religiosos clássicos e os desenvolvimentos tais como formas racionalizadas de organização econômica, crescimento de partidos políticos, sindicatos, grupos de jovens e outras associações voluntárias, novas relações entre os sexos, aparecimento de comunicações de massa, surgimento de novas classes e todo um conjunto de outras inovações sociais.

Tudo isso é em geral sabido. O que não é conhecido, ou pelo menos não é muito bem conhecido, são os aspectos particulares da situação, e é só pelo conhecimento de tais aspectos que podemos ir além das banalidades do senso comum. A observação de Blake de que não existe um conhecimento geral, que todo conhecimento é particular, talvez seja um exagero. Mas não há exagero em dizer, pelo menos no que respeita à sociologia da religião, que só há caminho para o conhecimento geral atravessando-se uma densa mata de particularidades. Tentarei manter a mata tão limpa e transitável quanto possível, dizendo menos sobre o teatro de sombras indonésio ou as festas de santos marroquinas do que o leitor gostaria de saber. Nem poderia, nesse compasso, discutir em detalhe as mudanças não religiosas. Nessa área, porém, não há como ascender à verdade sem descer aos fatos.

De qualquer forma, no último capítulo tentarei fazer algo com mais ampla relevância a partir dessa microssociologia. A antropologia é na verdade uma ciência astuciosa e enganadora. No momento em que ela parece estar mais deliberadamente afastada de nossas vidas é que está mais próxima; quando parece estar falando de modo mais insistente sobre o distante, o estranho, o remoto ou o idiossincrático, ela também está falando do próximo, do familiar, do contemporâneo e do genérico. De um certo ponto de vista, toda a história do estudo comparativo da religião, desde o tempo em que Robertson-Smith empreendeu suas investigações sobre os ritos dos antigos semitas (e foi demitido de Oxford como herege por essas preocupações), pode ser vista como uma abordagem circular, para não dizer equivocada, a análise racional de nossa própria situação, uma avaliação de nossas próprias tradições religiosas, ainda que pareça avaliar apenas aqueles outros tão exóticos.

E aqui o caso não é diferente. Ao mover-me das circunstâncias especiais da Indonésia e do Marrocos para os novos estados em geral, espero levantar a suspeita de que o dilema deles é também o nosso, que o que eles enfrentam nós também enfrentamos, por mais diferentes que sejam nossas formulações ou nossas respostas. Não estou seguro de que isso servirá ao propósito declarado da Fundação Terry de "incluir as verdades da ciência e da filosofia na estrutura de uma religião ampliada e purificada", algo que não estou inteiramente certo de que seja uma boa idéia. Mas deve pelo menos mostrar aos que estão dispostos a tentar tão corajoso empreendimento exatamente o que terão que enfrentar.

2

Os estilos clássicos

As ciências sociais padecem da idéia segundo a qual nomear uma coisa é tê-la entendido, e isso é ainda mais verdadeiro em relação ao estudo comparado da religião. Aqui a superestimação dos modos classificatórios de pensamento, a doença dos escaninhos, assumiu proporções verdadeiramente alarmantes. Pergunte à maioria das pessoas o que elas sabem de religião comparada; e se souberem algo, será que existem no mundo lá fora coisas nebulosas como animismo, adoração dos ancestrais, totemismo, xamanismo, misticismo, fetichismo, adoração dos santos, demonologia e até mesmo, um de meus favoritos, dendolatria (caso o grego do leitor esteja meio enferrujado, apresso-me a informar que significa adoração das árvores, e parece ser disseminada na Índia).

Em si mesma, a nomeação das coisas é obviamente uma ocupação útil e necessária, especialmente se as coisas nomeadas existirem. Mas é pouco mais do que um prelúdio ao pensamento analítico. E quando, como no caso da religião comparada, ela não foi ainda elaborada de forma sistemática, uma taxonomia organizada (como, em realidade, dada a natureza *ad hoc* do empreendimento, não pode ocorrer) sugere relações entre coisas categorizadas em conjunto que não foram de fato descobertas e afirmadas, mas apenas sentidas e insinuadas. Afora a simples questão de se alguma coisa corresponde a cada um desses nomes — algum dendólatra praticando dendolatria em cerimônias dendrolátricas —, a mera multiplicação de termos descritivos gerais cria uma tendência a supor que, se o termo existe, deve existir a realidade correspondente, senão, como teria surgido o termo? E assim chegamos a discussões do "animismo", ou "totemismo", ou (minha preocupação particular aqui e minha razão para trazer isto à baila) "misticismo" sob a égide de uma premissa incerta: de que o primeiro passo para o entendimento científico de fenômenos religiosos é reduzir sua diversidade, assimilando-os a um número limitado de tipos gerais. Para mim, e dada a minha visão do que significa essa compreensão, este seria na realidade o primeiro passo para deturpar o nosso material, substituindo a descrição pelo clichê, e a análise pela suposição.

Uma tentativa de caracterizar os estilos religiosos clássicos no Marrocos e na Indonésia, de modo a compará-los efetivamente, leva-nos de encontro a esse problema. Ambos os estilos foram fortemente marcados por crenças e práticas que só podem ser chamadas — e quase todo mundo assim as chamou — de "místicas". Mas "místico", nos dois casos, está longe de ser a mesma coisa. Superar essa dificuldade generalizando a noção de misticismo, de modo a obscurecer esses contrastes, na esperança de encontrar semelhanças mais amplas e abstratas, esta parece ser uma estratégia muito pouco promissora, pois afastar-se dos detalhes concretos dos dois casos é também apartar-se do lugar onde deve estar qualquer verdade geral que porventura venhamos a descobrir. Se, porém, usarmos um conceito como "misticismo" — ou "místico" —, não para formular uma uniformidade subjacente a fenômenos considerados apenas superficialmente diferentes, mas para analisar a natureza dessa diferença, então seguir os diferentes significados que o conceito assume em diferentes contextos não dissolve seu valor como idéia ordenadora, mas a enriquece. Assim como em relação a outras noções abertas como "homem", "política" ou "arte" — ou "religião" —, quanto mais entrarmos nos detalhes dos fenômenos aos quais a noção pode ser plausivelmente aplicada, tanto mais vívida, mais iluminadora e — com seus limites situados e diferenças determinadas — tanto mais exata ela se torna. Pelo menos nesta área de estudos o interesse dos fatos está em sua variedade, e o poder das idéias não se funda na medida em que podem dissolver essa variedade, mas na medida em que podem ordená-la.

Com esse prelúdio como via de acesso ao tema, relatarei duas histórias breves, em verdade lendas, embora referentes a personagens históricos, um deles um príncipe javanês do século XVI popularmente considerado o instrumento da islamização de seu país; e o outro, um erudito religioso meio berbere, meio árabe do século XVII, que foi transformado em importante santo marroquino. Esses homens são metáforas. O que quer que tenham sido ou feito como pessoas reais dissolveu-se há muito numa imagem do que os indonésios e os marroquinos consideram a verdadeira espiritualidade. Como tal, eles são dois entre dezenas de figuras semelhantes envolvidas em lendas semelhantes e que também poderiam ter sido escolhidas. Mas se outros tivessem sido eleitos, o contraste que quero mostrar teria a mesma validade: entre uma espiritualidade, ou "misticismo", se quisermos, que consiste no equilíbrio psíquico, e uma intensidade moral.

A figura indonésia é Sunan Kalidjaga, o mais importante dos chamados "nove apóstolos", *wali sanga*, tradicionalmente considerado como aquele que introduziu o islã em Java e, mais ou menos sozinho e sem recorrer à força, converteu sua população ao novo credo. Como personagem histórico, Sunan Kalidjaga, como os outros apóstolos, é uma figura confusa a ponto de haver dúvidas levantadas por alguns estudiosos a respeito de sua existência. Mas como herói exemplar, é o homem que, mais que qualquer outro, considera-se haver tirado Java das trevas do *djaman Indu*, "tempos hindus", para o *djaman Islam*, "tempos islâmicos". Ele é até hoje uma figura extremamente vívida na mente popular — um entre a longa série de "renovadores culturais", alguns antes outros depois, que, pela pura profundidade e pureza de sua vida interior e por sua firme estabilidade, levou a sociedade inteira para adiante, caminhando em direção a uma nova fase de existência espiritual.

Diz-se que Kalidjaga era filho de um alto funcionário real de Madjapahit, o maior e — exceto por alguns bolsões menores — o último dos reinos hindus-budistas da Indonésia. Madjapahit, cuja capital ficava na parte inferior do rio Brantas, ao leste de Java, a 80 quilômetros da costa, dominou o arquipélago e as regiões à sua volta durante a maior parte dos séculos XIV e XV. Ao longo da primeira metade do século XVI, os senhores dos agitados principados comerciais por toda a costa norte de Java — Bantem, Tjeribon, Demak, Djapara, Tuban, Grisik, Surabaya — passaram-se um a um para o islã e, quebrado o encantamento original, se afastaram, deixando Madjapahit como corte sem país, uma concha hierática que logo entrou em colapso.

Os estados portuários trânsfugas lutaram violentamente entre si, mas por volta da terceira década do século XVI, um deles, Demak, conseguiu atingir uma certa ascendência e tornar-se o centro, o *primus inter pares*, de toda a civilização islâmica costeira que então surgia. Sua importância durou pouco todavia — menos de 30 anos —, porque se fundava no fato de que tinha sido praticamente o único entre os estados portuários a desenvolver o interior agrícola; uma vez desenvolvido, esse interior por sua vez rebelou-se. Mataram, originalmente uma província no interior de Demak, perto da atual localização de Jogjacarta, isto é, no próprio coração da Java agrária, primeiro declarou sua independência e então, reunindo força política e propósito religioso, engoliu não só a própria Demak, mas também os outros reinos da costa norte. O centro de gravidade política de Java voltou, depois de seu curto deslocamento para a costa, para seu *locus* tradicional — sou tentado a dizer natural — no interior produtor de arroz, e Mataram se tornou o maior dos estados islamizados da Indonésia, uma Madjapahit muçulmana, até que os holandeses a tomaram no século XVIII.

Foi nesse "tempo de desordem", como dizem os javaneses, "o tempo entre os tempos", quando a civilização hinduísta se dissolvia e a islâmica se formava, que viveu Kalidjaga. Ele deixou a decadente capital de Madjapahit ainda jovem, mudando-se para um dos mais agitados recentes, estados portuários Djapara, onde encontrou outro dos apóstolos, Sunan Bonang, e se tornou seu discípulo (isto é, foi convertido ao islã por ele). Daí mudou-se para mais longe, ao longo da costa, indo de cidade em cidade até chegar a Tjeribon, onde se casou com a filha de um terceiro apóstolo, Sunan Giri, gravitando para Demak, onde dizem que desempenhou um papel político central na ascensão, ruptura e expansão de Mataram. Diz-se que ele foi professor e guia tanto do líder original da revolta de Mataram contra Demak, Senapati, quanto do maior rei do estado independente, o sultão Agung, e que espalhou a nova fé entre as massas da área central de Java. Sua carreira foi assim a história de seu país: abandonando a moribunda, desacreditada e desconsagrada Madjapahit, passou pelos levantes político-religiosos dos intermediários estados da área portuária para alcançar a renovada espiritualidade de Mataram, numa recapitulação humana de uma transformação social.

Em suma, como símbolo, idéia materializada, Sunan Kalidjaga une a Java hinduísta à Java muçulmana, e aí reside seu interesse, tanto para nós quanto para os javaneses. Seja o que for que tenha acontecido, ele é visto como a ponte entre duas altas civilizações, duas épocas históricas e duas grandes religiões: a do hinduísmo-budismo de Madjapahit em que cresceu e a do islamismo de Mataram que estimulou. Para os javaneses ele é (mais exatamente, sua vida é) o elo significativo entre um mundo de reis-deuses, sacerdotes rituais e santuários retóricos, e um mundo de sultões virtuosos, estudiosos do Alcorão e austeras mesquitas. É de algum valor observar um pouco mais de perto, portanto, a história contada pelos javaneses daquela conversão em Djapara, onde, como Saulo em Damasco, uma experiência mística o levou, a meio caminho na jornada de sua vida, a mudar de religião, de nome e, sintonizando as tradições de uma civilização estabelecida com as aspirações de uma civilização emergente, seu destino mundano.

A conversão real não foi contudo exatamente paulina. Quando Sunan Kalidjaga chegou a Djapara (resumo agora as narrativas de meus informantes, que não concordam em todos os detalhes, mas apresentam um padrão comum), era um vagabundo quase completo chamado Raden Djaka Sahid — Senhor Jovem Sahid. Em casa era um ladrão contumaz que não hesitava em roubar da própria mãe para gastar em bebida, prostitutas e especialmente no jogo. Quando o dinheiro da mãe acabou, abandonou-a empobrecida e passou a roubar do público em geral, tornando-se finalmente um assaltante de estradas de tal renome que as pessoas tinham medo de ir ao mercado de Djapara, com temor de serem aprisionadas por ele.

Foi por essa época que Sunan Bonang, tido por alguns informantes como árabe, mas em todo caso muçulmano, veio a Djapara. Vestia roupas suntuosas, enfeitadas com jóias caras; sua bengala era de ouro maciço. Caminhando nas ruas de Djapara nesses trajes, atraiu naturalmente a atenção de Raden Djaka Sahid, que o deteve e, brandindo um punhal, exigiu-lhe as jóias, as roupas e a bengala. Mas Bonang não teve medo e simplesmente rindo, disse: "Ei, Sahid [cujo nome sabia, embora nunca o tivesse visto ou ouvido falar dele], não queiras sempre esta ou aquela coisa; o desejo não tem sentido. Não te apegues às coisas do mundo; vivemos só um breve momento. Olhe! Ali há uma árvore de dinheiro."

E quando Sahid olhou para trás, viu que a figueira se transformara em ouro e estava carregada de jóias, e ficou atônito. Na verdade foi instantaneamente convencido — "tornou-se consciente", como diria o idioma javanês, sempre fenomenológico nessas questões — de que os bens materiais, as coisas deste mundo, não eram nada comparadas com o poder de Sunan Bonang. Pensou então consigo mesmo: "Este homem pode transformar árvores em ouro e jóias, e no entanto não procura riquezas." E disse a Bonang que não queria mais roubar, beber, procurar prostitutas, jogar etc.; queria apenas a espécie de conhecimento espiritual de Bonang, desejava muito ser instruído por ele em sua "ciência". Disse Bonang: "Muito bem, mas é muito difícil. Terás a força de vontade, a perseverança, a firmeza necessárias?". Quando Sahid disse que persistiria até a morte, Bonang simplesmente respondeu: "Espera aqui à beira do rio até que eu volte." E seguiu seu caminho.

Sahid esperou na beira do rio durante anos — alguns dizem 10, outros dizem 20, outros, ainda, 30 ou 40 —, perdido em seus pensamentos. Cresceram árvores à sua volta, enchentes vieram e cobriram-no de água, e então se retiraram; multidões passaram por ele, empurrando-o; edifícios foram construídos e derrubados, mas ele continuou imóvel em seu transe. Finalmente Bonang voltou e viu que Sahid (teve alguma dificuldade de localizá-lo entre as árvores) tinha perseverado. Mas em lugar de ensinar-lhe as doutrinas do islã, disse simplesmente: "Foste um bom discípulo, e como resultado de tua longa meditação agora sabes mais do que eu", e começou a fazer-lhe perguntas, indagações difíceis, sobre questões religiosas, a que o discípulo não instruído respondeu imediata e corretamente. Bonang deu-lhe então seu novo nome, Kalidjaga — "aquele que guarda o rio" —, e lhe disse para seguir e espalhar a doutrina do islã, o que ele fez com uma eficácia jamais superada. Tornara-se muçulmano sem jamais ter visto o Alcorão, entrado numa mesquita ou ouvido uma prece — por uma mudança íntima no coração produzida por um tipo de disciplina psíquica semelhante à da ioga, que era o ato religioso central da tradição hinduísta de que ele provinha. Sua conversão não foi questão de mudança espiritual ou moral seguida por uma mudança decisiva de crença (que é como se define a palavra), mas uma mudança espiritual e moral desejada que resultou numa mudança de crença quase acessória. Sunan Kalidjaga tornou-se muçulmano por ter-se reformado, ele não se reformou por ter-se tornado muçulmano. Sua redenção, se assim ela deve ser chamada, foi um estado íntimo autoproduzido, uma disposição desejada. E seu islã, se assim ele deve ser chamado, não passava de uma fé pública que lhe foi atribuída, como lhe foram atribuídos seu nome de fé e sua missão cultural.

O elemento marroquino que desejo contrapor a Kalidjaga é Abu'Ali Al-Hasan ben Mas'ud Al-Yusi, popularmente conhecido como Sidi Lahsen Lyusi. Uma, figura histórica mais plena do que Kalidjaga (fato que no entanto não inibiu sua mitologização), nasceu numa obscura tribo de pastores migrantes — cujo nome significa "os solitários" — dos montes Atlas Médios, em 1631. Era aparentemente berbere, mas a lenda popular (lançada pelo próprio Lyusi, ao afirmar que seu sobrenome era uma corruptela do árabe Yussef) dizia que seu pai não só era árabe mas de fato um descendente, por meio de Idris II, fundador de Fez, do profeta Maomé — o que os muçulmanos chamavam de *xerife*. Morreu (na realidade em Fez, na lenda, auto-exilado nas florestas de sua região natal) em 1691, de modo que, se a carreira de Kalidjaga coincidiu com a ascensão de Mataram a partir das lutas dos estados portuários, a de Lyusi coincidiu com a ascensão da dinastia Alavita — que ainda reina em Rabat — a partir da anarquia sectária da crise marabútica. Os dois homens viveram em épocas nas quais suas sociedades se moviam hesitante, dolorosa e, no caso, incompletamente em direção à ordem, depois de terem sido desorganizadas por levantes político-religiosos fundamentais. Mas, enquanto Kalidjaga tentou dirigir esse movimento representando-o em sua consciência, criando em microcosmo a harmonia procurada no macrocosmo, Lyusi tentava dirigi-lo lutando contra ele, expondo em seus ensinamentos e ações as contradições internas que procurava desesperadamente conter. A primeira via é essencialmente estética: ela retrata seu ideal. A segunda é essencialmente moral: ela o comanda.

A crise marabútica que irrompera no século XV com o colapso da última das dinastias berberes, os Merinides, chegou mais ou menos ao fim durante a época de Lyusi, o século XVII. Isso não quer dizer que o marabutismo acabou, pois o culto aos santos é uma constante histórica no Marrocos, existindo como poderosa força popular sob as dinastias berberes da mesma forma que existe hoje. A diferença entre esses dois séculos febris e aqueles anteriores e posteriores a eles não foi a adoração dos santos no Marrocos, mas o fato de que essa adoração tenha atingido uma opulência de expressão política que não fora capaz de alcançar antes e nem conseguiria depois. O Marrocos se dividiu nesse período numa miríade de grandes ou pequenos estados centrados em santos de uma ou outra espécie (líderes de seitas sufi, mestres locais do Alcorão, evangelistas auto-indicados, ascetas ambulantes etc.) —, uma proliferação de hagiocracias intensamente competitivas, zelosas e isoladas, às vezes chamadas de estados marabúticos, embora a maioria delas se parecesse mais com comunidades utópicas, agressivas comunidades utópicas, do que com estados propriamente ditos. No começo do século XVII o Marrocos se tornara um caldeirão espiritual onde, para citar Jacques Berque, "o ardor doutrinário e a violência rústica produziam vívidas personalidades, algumas benéficas e outras não, travando um combate cruel e pitoresco".

Foi para esse caldeirão que, quando tinha por volta de 20 anos, Lyusi desceu, vindo do relativo isolamento de sua montanha natal, para tornar-se, na lenda pelo menos, primeiro um peregrino, depois um rebelde e finalmente um santo. Durante toda sua vida perambulou, outra vez como Kalidjaga, de um centro de tumulto espiritual para outro, dos poderosos mas decadentes estados marabúticos de Dila ou Tazerwalt para os estagnados centros escolásticos de Fez e Marrakech, de xeque sufi para xeque sufi, de tribo para tribo, de cidade para cidade, de região para região. Não parece ter descansado nunca, nunca parou para ficar, nunca — ao contrário de Kalidjaga — encontrou seu centro, jamais se estabilizou. "Meu coração está espalhado por meu país", escreveu, num tocante poema que Berque recuperou para nós,

> Uma parte está em Marrakech, na dúvida;
> Outra em Halfun; outra em Meknes com meus livros;
> Outra no Fazaz; outra em Mulwiya [terra natal], entre os membros da minha tribo;

Outra no Gharb, entre meus amigos da cidade e do campo.
Ó Deus, reúni-as. Ninguém pode fazê-lo senão Vós.
Ó Deus, ponde-as de volta em seu lugar.

Enquanto Kalidjaga procurou (e encontrou) paz na imobilidade, numa calma férrea, no ponto fixo, para usar a figura de Eliot do mundo em rotação, Lyusi, a despeito do pedido a Deus para que juntasse seu corpo outra vez, não parece ter procurado por essa calma, pelo menos neste mundo. Como seus conterrâneos (pois também esse contraste é geral, característica não só de nossas figuras exemplares, mas também dos povos de que são exemplos), seu modo natural de ser era a inquietação, a disciplina, a mobilidade, e ele procurava capturar a verdade, não pela paciente espera de sua manifestação à sua consciência esvaziada, mas perseguindo-a sistemática e incansavelmente. Não viajava à busca de um novo santuário porque o velho tivesse sido violado; viajava porque, como seus ancestrais pastores, era um viajante.

Nessa peregrinação infinda de Lyusi, dois incidentes aparecem, pelo menos na mente popular, como definidores da natureza de sua santidade e portanto da santidade em geral. O primeiro é o período em que ele foi discípulo do célebre xeque sufi Ahmed ben Nasir al-Dar'i, fundador de uma ordem muito grande, os Nassiri, que, embora um tanto reduzida, é ainda hoje muito importante no Marrocos. O segundo foi seu enfrentamento — colisão talvez seja a melhor palavra — com o grande consolidador da dinastia Alavita, o sultão de Akbar Mulay Ismail ben 'Ali. Como no caso de Kalidjaga, basear-me-ei principalmente nas narrativas de meus informantes, pois o que talvez lhes falte em precisão histórica é mais que compensado em agudeza cultural.

Quando Lyusi chegou a Tamgrut, o oásis à beira do deserto onde ben Nasir ensinava, encontrou o velho muito doente, com uma enfermidade repugnante, talvez varíola. O xeque chamou seus discípulos um a um e pediu que lavassem sua túnica. Mas todos se sentiram tão enojados com a doença, tão desgostosos com a aparência do xeque e da túnica e tão temerosos por suas próprias saúdes, que recusaram a tarefa e se negaram até mesmo a vir outra vez à presença dele.

Lyusi tinha acabado de chegar e não era conhecido pelo xeque ou por qualquer outro, e por isso não foi chamado. Mas aproximou-se de ben Nasir sem ser chamado e disse: "Meu mestre, lavarei tuas roupas." Recebendo a túnica, levou-a a uma fonte e a enxaguou; torcendo-a, bebeu a água suja que escorria. Voltou à presença do xeque, com os olhos brilhantes não da doença, porque não adoeceu, mas como se tivesse bebido um vinho forte. Assim todos souberam que Lyusi não era ou pelo menos não era mais um homem comum, que ele tinha o que os marroquinos chamam de *baraka* — uma dessas palavras sonantes as quais é melhor pronunciar do que definir, mas que por enquanto podemos chamar inadequadamente de "poder sobrenatural", cuja posse faz um santo ou marabu. Os elementos dessa transformação espiritual (pois embora não tivesse havido mudança formal de crença religiosa, era um renascimento como o de Kalidjaga à beira do rio) são dignos de nota: extraordinária coragem física, absoluta lealdade pessoal, intensidade moral extática e transmissão quase física da santidade de um homem a outro. Isso, mais que o quietismo estóico, é o que a espiritualidade tem significado para a maioria das pessoas no Marrocos.

O enfrentamento com o sultão Mulay Ismail só aconteceu 30 anos mais tarde, depois de uma vida inteira de andanças entre um centro marabútico e outro. (Ele estava no mais poderoso deles, Dila, quando os Alavitas, chefiados pelo irmão de Ismail, finalmente saquearam o centro em 1668, pondo fim a dois séculos de política molecular.) Isso ocorreu na monumental capital nova do sultão, em Meknes, uma espécie de Kremlin mourisco projetado para convencer tanto a ele mesmo quanto a seus súditos de que o Marrocos tinha outra vez uma verdadeira dinastia. Pelo menos nos relatos, há um comentário popular sobre a delicada relação entre a política do homem forte e a devoção do santo, sobre o esforço continuamente renovado, mas só esporadicamente efetivado, de fundir a força do guerreiro com a virtude do santo, que, como já disse, é o tema central da história marroquina.

Quando Lyusi, então um dos estudiosos mais ilustres do país, chegou a Meknes, Mulay Ismail recebeu-o como hóspede de honra, ofereceu-lhe comida e alojamento e trouxe-o para sua corte como conselheiro espiritual. Nessa época o sultão estava construindo um grande muro em torno da cidade, e as pessoas que trabalhavam nele, escravos ou não, eram tratadas com crueldade. Um dia um homem adoeceu quando trabalhava e foi emparedado no lugar em que caíra. Alguns trabalhadores procuraram Lyusi em segredo para contarlhe o acontecido e queixar-se do tratamento que recebiam. Lyusi não disse nada a Ismail, mas quando a ceia foi levada a seus aposentos, começou a quebrar todos os pratos, um por um, e continuou a fazê-lo noite após noite, até destruir todos os pratos do palácio. Quando o sultão perguntou o que tinha acontecido com os pratos, os escravos disseram: "Aquele homem que é teu hóspede quebra-os quando lhe levamos a comida."

O sultão ordenou que Lyusi fosse trazido à sua presença.

— *Salam'Alaikum.*
— *Alaikum Salam.*
— Meu Senhor, temos te tratado como hóspede de Deus e tens quebrado todos os nossos pratos.
— Bem, o que é melhor... a louça de Alá ou a louça de barro?. [Isto é, eu quebro pratos, criações humanas, mas tu quebras pessoas, criações de Deus.]

E continuou a repreender Mulay Ismail pelo tratamento que dava aos trabalhadores que erguiam o muro.

O sultão não se impressionou e disse a Lyusi: "Tudo o que eu sei é que eu te acolhi, dei-te hospitalidade [ato profundamente significativo no Marrocos] e me causaste todo este problema. Deves deixar minha cidade." Lyusi deixou o palácio e ergueu sua tenda no cemitério fora da cidade, próximo ao lugar onde o muro estava sendo construído. Quando o sultão soube disso mandou um mensageiro ao santo para perguntar por que, tendo sido mandado para fora da cidade pelo sultão, não tinha obedecido. "Dize-lhe", respondeu Lyusi, "que deixei sua cidade e entrei na de Deus."

Ao ouvir isso o sultão ficou encolerizado e veio, montando seu próprio cavalo, ao cemitério, onde encontrou o santo que rezava. Interrompendo-o, o que por si só já era um sacrilégio, gritou: "Por que não deixaste minha cidade como te ordenei?". E Lyusi respondeu: "Saí de tua cidade e estou na de Deus, o Grande e Santo." Cego de fúria, o sultão avançou sobre o santo para matá-lo. Mas Lyusi tomou a lança e riscou uma linha no chão; quando o sultão passou sobre ela as patas do cavalo começaram a afundar lentamente na terra. Assustado, Mulay Ismail passou a suplicar a Deus, e disse a Lyusi: "Deus me reformou! Deus me reformou! Lamento muito! Dá-me teu perdão!". Disse então o santo: "Não peço riqueza ou cargo, peço apenas que me concedas um decreto real reconhecendo que sou um *xerife*, sou descendente do Profeta e tenho direito a honrarias, privilégios e respeito apropriados." O sultão cumpriu o pedido e Lyusi foi embora. Temendo por sua segurança, dirigiu-se para as florestas dos Atlas Médios, onde pregou aos berberes (e contra o rei). Veio a morrer e foi enterrado e transformado em *siyyid*, um homem em torno de cujo túmulo desenvolveu-se elaborado culto devocional.

Dois homens, duas culturas, e como essas culturas, ao mesmo tempo claramente diferentes mas curiosamente semelhantes. Suas diferenças são aparentes, como costumam ser. Um, homem da cidade; o outro, um rústico. Um, aristocrata deslocado, tentando manter seu status; o outro, homem comum da tribo, tentando ascender além de suas origens. Um, iogue e parecido com um camaleão espiritual, adaptando traços superficiais a novos ambientes, mas permanecendo internamente intacto; o outro, puritano e semelhante a um fanático, afirmando a soberania moral da santidade pessoal em qualquer ambiente e a qualquer custo. As semelhanças são mais fugidias, como costumam ser, pelo menos quando genuínas. Baseiam-se em dois fatos. Primeiro, as duas figuras são profundamente conservadoras, defendendo formas recebidas de consciência religiosa em face de radicais desafios sociais e políticos à sua continuidade. Segundo, é a crescente penetração da própria tradição religiosa com que estão ostensivamente comprometidos, o islã, que torna essa defesa necessária e, com o passar do tempo, cada vez mais desesperada. Mas esses comentários meio crípticos, resumindo numa frase o desenvolvimento religioso na Indonésia e no Marrocos até o final do século XIX, exigem muitas explicações.

Do lado da Indonésia, a tradição cultural de que Kalidjaga provinha e cuja perspectiva religiosa ele lutou para manter depois que a própria tradição desapareceu era a dos grandes centros que tinham cortes da Java hinduísta. Numa tentativa de resumir essa perspectiva em poucas palavras, gostaria de reduzi-la a uma série de doutrinas, embora de fato não existissem tais doutrinas no sentido de formulações explícitas dogmaticamente afirmadas, mas apenas no sentido de princípios implícitos em termos dos quais a vida religiosa era conduzida. Chamarei a primeira e mais importante delas de "doutrina do centro exemplar"; a segunda, de "doutrina da espiritualidade gradual"; e a terceira, de "doutrina do Estado-teatro". Em conjunto, as três constituem uma visão de mundo e um ethos que é elitista, esotérico e estético, e continua a ser, mesmo depois das adaptações e reformulações a ela impostas por 400 anos de islamização, 300 de dominação colonial e 20 de independência, um tema poderoso na consciência indonésia contemporânea.

Com "doutrina do centro exemplar" quero exprimir a idéia de que a corte e capital do rei, e, em seu eixo, o próprio rei formam ao mesmo tempo uma imagem da ordem divina e um paradigma da ordem social. A corte — suas atividades, seu estilo, sua organização, sua forma de vida inteira — reproduz, embora de modo imperfeito, o mundo dos deuses, fornece uma semelhança visível de um domínio invisível. E por isso também fornece um ideal ao qual a vida fora da corte, no reino como um todo, deve aspirar, sobre o qual deve procurar modelar a si mesma, como uma criança segue o modelo do pai, um camponês o do senhor, um senhor o do rei, e um rei o de um deus.

Na realidade, de um ponto de vista religioso, essa é a função básica e a justificativa da corte — disseminar a civilização exibindo-a, dar forma à sociedade apresentando-lhe uma expressão microcósmica de uma forma macrocósmica que ela pode tentar imitar na medida de sua capacidade. O bem-estar do país provém da excelência de sua capital, a excelência da capital, do brilho da corte, o brilho da corte, da espiritualidade do rei. Quando Prapanca, o grande poeta da corte de Madjapahit, autor da *Negarakertagama*, procura expressar sua glória e a de seu dirigente, ele apresenta o reino inteiro como uma cópia da sua capital — as milhares de casas camponesas são próximas às mansões dos cortesãos, que estão dispostas em torno das instalações do rei; as províncias mais distantes, crescendo felizes e tranqüilas, junto à terra cultivada nas cercanias da cidade; as florestas e montanhas despovoadas, hoje seguras para viagens e para espairecer, perto de seus belos parques. A capital é como o sol, diz ele em outra passagem do poema; o país é como o seu halo.

A idéia de que a espiritualidade não é distribuída igualmente entre os homens, mas sim de acordo com a posição na escala da ordem sociopolítica que vai do rei ao camponês, é quase um corolário dessa visão da autoridade como centro. A capacidade para o tipo de foco interior da consciência sobre as fontes da existência — isto é, sobre a perfeição — demonstrada por Kalidjaga não só varia de pessoa a pessoa, mas também segundo uma hierarquia de status finamente calibrada; não por acaso ele nasceu senhor. A mera desigualdade humana tem por si mesma significação metafísica: a diferença entre "alto" e "baixo" é ao mesmo tempo a diferença entre os mais capazes e os menos capazes de afastar-se do temporal para poder contemplar o eterno, vale dizer, entre o relativamente sagrado e o relativamente profano. Prestígio e santidade são termos intercambiáveis que, como "alto" e "baixo", também têm uma gradação, e a escala social alcança o mesmo ponto culminante que a meditação religiosa: o nada. "O servo deve honrar o patrão", declara outro texto Madjapahit, coleção de regras relativas às honrarias; "o mestre deve honrar o chefe, o chefe deve honrar o senhor, o senhor deve honrar o príncipe, o príncipe deve honrar o sacerdote, o sacerdote deve honrar o rei-deus, o rei-deus deve honrar os seres sobrenaturais, os seres sobrenaturais devem honrar o Supremo Nada."

Tal visão das coisas é cheia de implicações, e uma delas é que o rei, pelo simples fato de ser rei, é o objeto sagrado mais importante. Em torno dele gira o sistema todo, pois o rei se situa na junção entre o divino e o humano, com um pé em cada um dos planos, por assim dizer. Isso se expressava comumente considerando-o como encarnação de um deus ou, na variante budista, como um *bodhisattva* (ou, com freqüência, ambas). Mas o ponto crítico é que, na hierarquização dos homens em termos de sua capacidade de iluminação espiritual pelo auto-exame disciplinado, sua facilidade de acesso à perfeição, o rei representa ao mesmo tempo o ápice, se olharmos de baixo para cima, ou a fonte, se, mais de acordo com a concepção exemplar do centro, olharmos de cima para baixo. Aqui o problema não era fundir o homem forte e o santo — o poder e o carisma estavam inerentemente correlacionados de cima a baixo na sociedade. O problema era ampliar o poder dramatizando o carisma, aumentar o sol de modo que ele pudesse projetar um halo ainda maior e mais ofuscante.

Fechando o círculo, o "Estado-teatro" é simplesmente a realização concreta dessa concepção. A vida ritual da corte — as cerimônias de massa, a arte elaborada, a polidez cultivada — não era constituída simplesmente pelos aspectos exteriores do ato de governar, mas pela sua substância. O Estado existia para o espetáculo; sua tarefa principal era menos governar — trabalho que os habitantes realizavam entre eles — do que exibir em forma litúrgica os temas dominantes da cultura javanesa. A capital era um palco no qual os sacerdotes e os nobres, encabeçados pelo rei, apresentavam um festival sacro sem fim, no qual o homem comum era ao mesmo tempo o espectador, o portador da lança e, por meio dos impostos e dos serviços que era obrigado a prestar, patrocinador. A escala da atividade cerimonial que qualquer Estado particular podia montar era uma medida tanto de sua hegemonia — pois quanto mais eficazes as técnicas de mobilização de homens e material por parte do Estado, tanto maior a escala — quanto do grau de sua capacidade como centro exemplar apto a evocar a atitude que, segundo Prapanca, "todo o país javanês" tinha em relação ao "inigualável" rei de Madjapahit: "desamparado, em reverência, curvado, humilde".

Enquanto perdurou a civilização agrária das grandes planícies interioranas de arroz, com suas cortes ociosas competindo pelos excedentes dos camponeses, essa elegante combinação de quietismo, cerimonialismo e hierarquia também podia perdurar, pois tanto formulava as condições de vida que todos conheciam — do rei ao escravo, ainda que de pontos de vista e, sem dúvida, sentimentos diferentes, talvez até mesmo com convencimentos diferentes — como também fornecia uma interpretação geral, uma justificação, se se quiser, de por que elas eram assim. O que essa combinação exprimia de forma simbólica os homens encontravam na existência real; e àquilo que os homens encontravam na existência real ela dava uma forma mais ampla e um sentido mais profundo. Isso é circular, mas a religião, considerada como fenômeno humano, é sempre assim. Tira sua capacidade de persuasão de uma realidade que ela mesma define. A fonte de vitalidade de qualquer credo, ainda que tão implícito e tão pouco codificado quanto o indo-javanês, reside no fato de que ele retrata a estrutura última da existência, de maneira tal que os eventos da vida cotidiana parecem confirmá-la repetidamente. A perplexidade se instala quando esse círculo mágico é rompido, e os conceitos religiosos perdem seu ar de simples realismo, quando o mundo experimentado e o mundo imaginado deixam de corresponder um ao outro.

Foi precisamente essa espécie de ruptura que a ascensão dos reinos da costa norte deve ter significado, não só para notáveis como Kalidjaga, mas para muitos javaneses comuns. Não foi só a entrada do islã — pois isso poderia ter sido facilmente absorvido, como o foi entre as classes altas, sem qualquer mudança fundamental de visão —, mas a súbita expansão das classes comerciais, uma massa misturada de estrangeiros e locais, que produziu um elemento que não podia ser assimilado à visão hinduísta do mundo. Houve comerciantes ao longo da costa não só em Java, mas também em Sumatra, Bornéu e Célebes durante séculos. Mas o que se tornava diferente no desenvolvimento dos séculos XV e XVI era que o centro do poder político e econômico no arquipélago ameaçava passar, como de fato passou por mais de um século, para esses homens. Nos estados portuários, a mudança quantitativa induziu a mudança qualitativa. Os grupos comerciais, organizados em setores étnicos separados, centrados não na corte local, mas na mesquita e no mercado, se moviam com facilidade de uma cidade para outra e para dentro e fora do arquipélago; ocupados demais com o comércio para dar muita atenção a questões de posição ou cerimônia, perturbaram a hierarquia de status, desorganizaram o Estado-teatro e ignoraram o centro exemplar — em outras palavras, fizeram uma revolução social.

Com o surgimento de Mataram, modelando-se conscientemente, a despeito de seu suposto islamismo, em Madjapahit, a revolução foi detida — temporariamente, como se viu depois. Mas então já tinha avançado o suficiente para introduzir um novo elemento na estrutura social javanesa e também na indonésia, uma vez que muitos dos comerciantes eram das ilhas exteriores. Para aquilo que no começo deve ter sido a imensa maioria da população, a visão índica do mundo continuou, contudo, embora sob uma conversão nominal ao islã; mas ela já não era única — sua rival estava cada vez mais poderosa, com o aumento da vida comercial e dos contatos com centros do mundo muçulmano. Um novo tema — a tensão entre o encanto de Madjapahit e a atração do Alcorão — entrou para a vida espiritual indonésia e começou o que viria a ser uma completa diferenciação na tradição religiosa do país.

O grosso dessa diferenciação — e portanto a formação definitiva do estilo religioso clássico na Indonésia — teve lugar nos três séculos aproximadamente entre 1530 e 1830, quando o país deixou de ser um entreposto de especiarias da Europa e se tornou uma província européia. O estabelecimento da hegemonia holandesa, duramente combatido por Mataram, mas sem sucesso, tirou o apoio do Estado-teatro até que ele se tornasse muito teatro e muito pouco Estado. A visão exemplar da autoridade, a perspectiva nirvânica da devoção e a concepção vazia do divino, agora em vestes muçulmanas, continuaram e de uma forma curiosa floresceram. Mas seus detentores foram progressivamente transformados, de intransigentes oligarcas empenhados em reconstruir Madjapahit, em maleáveis funcionários satisfeitos em lembrá-la.

A liquidação de Mataram, essencialmente completada em meados do século XVIII, levou a uma tripartição do trabalho político na Indonésia, cuja especificidade — de fato sua completa peculiaridade — não foi devidamente apreciada. O poder fundamental no sentido de força soberana estava, é claro, em mãos holandesas, embora a intensidade com que a Holanda a sustentou não tenha sido uniforme em todo o arquipélago. A administração local do dia-a-dia, porém, estava em quase todo lugar nas mãos de um serviço público nativo, cujos membros eram os herdeiros da antiga classe dirigente, uma espécie de aristocracia de funcionários. E os símbolos da autoridade, os ornamentos culturais e religiosos do poder, permaneciam em mãos das cortes conquistadas e na nobreza desarmada que os controlava. Um sistema político em que as fontes do poder, os instrumentos do governo e as bases da legitimidade estão assim separados deveria parecer instável em si mesmo. Mas o sistema perdurou, e em verdade prosperou por aproximadamente 200 anos. Isso aconteceu em parte porque o poder holandês era esmagador. Mas também, em parte, porque, por mais esmaecido e remoto que fosse, o sol de Madjapahit ainda brilhava.

Na verdade, a redução das velhas cortes a retiros espirituais para príncipes aposentados levou a uma espécie de renascimento cultural. Dispensada ou quase de ocupações políticas, a nobreza pôde dedicar-se ao aperfeiçoamento do lado expressivo da autoridade — desenvolvendo a polidez até uma complexidade quase obsessiva, refinando as artes e até inventando algumas e, do lado filosófico-religioso, cultivando o tipo de lânguida mistagogia que tende a acompanhar a sensação de que se está conservando, e talvez por não muito tempo, as relíquias da grandeza passada. Essa florescência bizantina, na apropriada expressão de G.P. Rouffaer, constituiu, por sua vez, a fonte de onde os aristocratas — tornados funcionários públicos e agora portadores, embora não reais detentores da autoridade na Indonésia — derivavam seu estilo de vida, seus valores sociais e seus ideais religiosos. No começo do século XIX, o padrão de uma pequena nobreza burocrática manejando um poder que em realidade não detinha, em nome de um ideal cultural que não era o dominante, era característico, não só de Java, mas, de uma forma ligeiramente modificada e menos intensa, também das ilhas exteriores. A herança palaciana de Kalidjaga passara para uma classe de funcionários.

Mas, assim como o governo, o comércio também prosseguia na Indonésia; assim como o hinduísmo, também o islã. A apropriação holandesa do comércio internacional de longa distância — também resultado da prolongada luta, aqui mais com ágeis mercadores do que com reis teimosos — voltou os comerciantes nativos para dentro, no afã de forjar um sistema doméstico de mercado. E enquanto esse sistema era construído, unindo em última análise todo o arquipélago numa só rede contínua de comércio local, ia com ele levando o tom geral do moralismo do Alcorão (hesito em chamá-lo de algo mais substancial do que isso) que acompanhara a explosão comercial dos séculos XIV e XV. Se o hinduísmo encontrou refúgio no escritório, o islã encontrou-o no bazar.

Foi em torno dessa rede mercantil que as instituições sociais do islã cresceram na Indonésia; em torno e a partir dela se cristalizou uma comunidade islâmica no sentido próprio do termo, uma *umma*. Retomarei a história e o argumento em maior detalhe no próximo capítulo, quando me voltar para o problema da mudança religiosa em tempos recentes. Por enquanto, a observação importante é que a consciência islâmica ortodoxa — isto é, uma consciência que pelo menos desejava e, por mais ingênua que fosse, tentava estar de acordo com o Alcorão — surgiu na Indonésia como uma contratradição, como um ponto de vista dissidente. O principal estilo religioso no centro mesmo da sociedade era (e, um tanto re-trabalhado, ainda é) o Estado-teatro, tipo de visão do centro exemplar que gerações de Kalidjagas assalariados preservaram, vestindo-a em trajes árabes, ainda que esgarçados. O islã sunita não representava, e não representa hoje, a principal corrente espiritual na Indonésia. Com seus principais baluartes nas margens do arquipélago, enclaves não-hinduístas em bolsões estratégicos de Sumatra e Célebes, e seu apoio principal numa classe social marginal, os vendedores itinerantes, o islã sunita representava um desafio para esta corrente — desafio que se tornava mais forte e insistente à medida que aprofundava suas raízes e desenhava com maior firmeza seus contornos, e à proporção que lentamente se formava uma verdadeira sociedade nacional; mas constituía um desafio cuja força era dispersa, cujo apelo era circunscrito e cujos triunfos eram locais.

No começo do século XIX, então, os principais contornos do quadro religioso indonésio — uma colagem, mais que um quadro — estavam prontos: no coração, tanto geográfica como socialmente, a versão do funcionalismo do (para criar um pequeno neologismo) exemplarismo de Madjapahit; nas margens e interstícios, apresentações adaptadas à Indonésia do islã medieval, ora ocultas e emocionais, ora intricadas e escolásticas, ora dogmáticas e puritanas; e por baixo, por sob ou em torno de ambas, a religião sincrética popular da massa do campesinato — outro assunto sobre o qual tenho algo a dizer mais tarde — que, ao mesmo tempo, se baseava nas duas versões, naturalizava-as e a elas resistia. Jamais realmente reconciliadas entre si, essas várias linhas estavam razoavelmente bem contidas num sistema que era menos uma síntese do que uma espécie de equilíbrio espiritual de poder, um equilíbrio de poder em arranjos do tipo "a cada um o que lhe pertence", ainda possíveis numa sociedade que era mais uma reunião de povos e uma coleção de grupos de status frouxamente inter-relacionados por algumas instituições difundidas — magistratura e mercado — do que uma comunidade nacional integrada. Quando se perdeu esse tipo de sociedade, perdeu-se também o equilíbrio.

Voltando outra vez, nesta exposição que se alterna entre Ásia e África, ao Marrocos, a tradição religiosa estabelecida que Lyusi tentava manter em face das transformações sociais era aquela que pode ser sucintamente designada pelo termo "marabutismo". *Marabout* é uma versão francesa do árabe *murabit*, que por sua vez deriva de um radical que significa "atar", "vincular", "ligar", "amarrar", "ancorar". Um *murabit* é assim um homem unido, atado, vinculado, amarrado a Deus, como um camelo a um palanque, um barco ao cais, um prisioneiro à parede; ou, de maneira mais apropriada, assim como *ribat*, outro derivativo, significa um santuário fortificado, lugar de marabus, um mosteiro para o monge. Em suas várias formações, a palavra atravessa a trama da história do Marrocos. O primeiro e maior dos impérios berberes, fundador de Marrakech e conquistador da Andaluzia, que conhecemos como os Almorávidas, era em realidade Al Maurabatin, "os marabus". Rabat, capital do país, deriva da forma "santuário", *ribat*, o que aliás foi originalmente. E assim por diante: homens, num sentido quase tangível, unidos, atados, amarrados — talvez a melhor palavra seja acorrentados — a Deus (ou de qualquer modo assim considerados) eram os focos imediatos da emoção religiosa no "Marrocos de outrora". E mesmo no Marrocos de hoje, sua autoridade sentimental está longe de ter desaparecido.

O conteúdo desse vínculo, e também signo de sua existência e resultado de sua operação, era, para voltar a um termo antes mencionado, *baraka*. Literalmente, *baraka* quer dizer "bênção", no sentido de favor divino. Mas irradiando desse significado nuclear, especificando-o e delimitando-o, existe toda uma linha de idéias correlatas: prosperidade material, bem-estar físico, satisfação corporal, plenitude, sorte e, aspecto mais ressaltado pelos escritores ocidentais ansiosos para incluir esse significado na mesma categoria do mana, poder mágico. Em sentido lato, *baraka* não é, como foi representada muitas vezes, uma força parafísica, espécie de eletricidade espiritual — visão que, embora não inteiramente destituída de fundamento, a torna irreconhecível, de tão simplificada. Como a idéia do centro exemplar, é uma concepção da maneira como o divino chega ao mundo. Implícita, não criticada e longe de ser sistemática, ela também é uma "doutrina".

Em termos mais precisos, é um modo de conceber — emocional, moral, intelectualmente — a experiência humana, uma espécie de brilho cultural na vida. E embora este seja um grande e intricado problema, o que essa concepção, esse brilho, significa, pelo menos pelo que me parece, é a proposição (outra vez inteiramente tácita) de que o sagrado aparece mais diretamente no mundo como um dom — um talento e uma aptidão, uma capacidade especial — de indivíduos particulares. Melhor analogia de *baraka* do que a eletricidade (mas ainda não suficientemente boa) é a presença pessoal, a força do caráter, o brilho moral. Marabus têm *baraka* da maneira que os homens têm força, coragem, dignidade, habilidade, beleza ou inteligência. Como esses atributos, embora não seja o mesmo que eles, e nem mesmo que o conjunto deles, é um dom que alguns homens têm em maior medida que outros, e os marabus em medida superlativa. O problema é decidir quem (não só, como veremos, entre os vivos, mas também entre os mortos) a tem e o quanto, e como beneficiar-se dela.

O problema de quem a tem foi de certa maneira o principal problema teológico (se esta não for uma palavra elegante demais para um assunto que poucas vezes passou do nível oral e prático) no Marrocos clássico. A essas perguntas foram dadas duas classes principais de respostas, às vezes separadas ou simultâneas: o que podemos chamar de respostas miraculosas e respostas genealógicas. O status de marabu, a posse da *baraka*, era indicado por produzir milagres, por uma reputação de causar a ocorrência de coisas incomuns, ou por suposta descendência linear do Profeta. Ou, como eu disse, por ambas. Mas, embora os dois princípios fossem muitas vezes — depois do século XVII talvez a maioria das vezes — invocados juntos, constituíam no entanto princípios separados, e na tensão entre eles pode-se ver refletida boa parte da dinâmica da história cultural do Marrocos. É essa ainda poderosa tensão que está por trás do que pode ter parecido uma curiosa guinada na história, quando a contei, de Lyusi e o sultão — quando, tendo afirmado de modo convincente seus poderes miraculosos sobre o sultão, o montanhês berbere pede que ele o declare um verdadeiro descendente do Profeta: um xerife. Mas, tal como a igualmente surpreendente recusa de Bonang a ensinar o Alcorão a Kalidjada depois de sua extravagante meditação, o incidente não é uma mera guinada, um anticlímax. Ele é a imagem de uma fé reagindo a uma mudança desestabilizadora no terreno sobre o qual, psicológica e sociologicamente, ela sem dúvida se apoiava.

De um ponto de vista religioso, a ascensão da dinastia Alavita, e especialmente sua consolidação sob mãos do Mulay Ismail, representaram a afirmação da supremacia da concepção genealógica sobre a miraculosa com base na *baraka*; na proposição de que, embora a santidade seja naturalmente acompanhada por milagres, ela é convenientemente transmitida pelo sangue: dinastia de xerifes, traçando seu pedigree patrilinearmente até Ali, genro do Profeta, ela era e é dedicada à elevação do que Max Weber chamava de carisma hereditário em relação ao que chamava de carisma pessoal e à contenção da *baraka* nos confins de um sistema de status fixo e ordenado. A resposta alavita ao marabutismo foi dar a ele uma licença para atuar, ou pelo menos tentar fazer isso.

É claro que o princípio xerifiano de legitimidade não era novo no Marrocos do século XVII. Como já disse várias vezes antes, o primeiro rei verdadeiro no Marrocos, Idris II, reivindicava ascendência de xerifes — seu pai teria sido Idris I, expulso de Bagdá por Harun Al Rachid. Mas o poder de Idris II durou pouco, uns 20 anos, e estava limitado, confinado a Fez e seus arredores. Os Idris introduziram a concepção genealógica da *baraka*, mas não conseguiram estabelecê-la; o marabutismo visionário logo varreu-a quase inteiramente. A ascensão primeiro do reino almorávida e depois do de Almohad — o almorávida nos séculos XI e XII e o almóada no XII e no XIII — representa a emergência do carisma pessoal como força soberana no Marrocos. As grandes dinastias berberes, uma fundada por um messiânico asceta do Sahara, a outra por um asceta dos Grandes Atlas, como observou Alfred Bel, foram seitas antes de serem impérios. Seitas reformistas, pois surgiram, pelo menos no plano religioso, como reações a heresias e heterodoxias — karajismo, xiismo e puro e simples paganismo — da sociedade marroquina. Incendiados por uma paixão pela lei codificada à qual talvez só os nômades iletrados sejam capazes de aderir, os Almorávidas saíram de seus santuários para impor uma ortodoxia malaquita sobre as terras baixas do Marrocos — e também, em certa medida, sobre a Espanha. Espicaçados pelo desagrado diante da imoralidade que persistia dentro de seu âmago legalista, os Almóadas — o nome significa aproximadamente "unitários," "monoteístas absolutos" — saíram da sua concha para impor um puritanismo temente a Deus que, como o legalismo, nunca mais os abandonou. O processo inteiro foi muito mais complexo do que isso — um problema de tribos em guerra, mudanças de relações entre os mundos islâmico e cristão, abertura aos centros do pensamento muçulmano, incursão dos beduínos etc. Mas está praticamente fora de dúvida de que foram os santos feitos guerreiros — *hommes fétiches*, como outra vez Bel tão adequadamente os denomina — que forjaram a não criada consciência do Marrocos e na verdade o próprio Marrocos.

A crise marabútica, a coleção de comunidades sectárias dentro da qual Lyusi se formou, é feita dos escombros dessa tradição. O colapso da terceira das dinastias formadoras, os Merinides, fragmentou a autoridade política e dispersou os *hommes fétiches* irregularmente pelo país. De modo semelhante aos estados-bazar indonésios, embora suas origens fossem diferentes e os estilos contrastantes, os estados-santuários marroquinos foram construídos a partir das ruínas de uma civilização cuja força espiritual sobreviveu à sua capacidade política. Ambos foram, enfim, meros interlúdios, desvios momentâneos que, quando terminaram, pareciam ter deixado tudo como estava, mas representaram de fato revoluções. Na Indonésia, a mudança fatal foi o aparecimento de uma fonte alternativa de revelação — o Alcorão; no Marrocos, o reaparecimento de um princípio alternativo de santidade — a ascendência xerifiana.

O triunfo dos Alavitas, prefaciado em verdade pela breve ascensão de outra dinastia de xerifes, os Saadianos, que não se estabilizou, colocou o populismo religioso de homens como Lyusi — homens para quem a *baraka* gravitava naturalmente em direção aos que, independentemente de posição, eram íntegros o bastante para merecê-la — diante da noção contrastante de um patriciado espiritual hereditário. Mas assim como a tradição hinduísta não se dissolveu em face da islamização na Indonésia, tampouco se dissolveu a visão miraculosa da santidade diante da concepção genealógica no Marrocos. De fato, por surpreendente que possa parecer, os dois princípios — de que o carisma era um atributo individual e de que ele era um patrimônio familiar — se fundiram. Aqui, o resultado do choque entre uma perspectiva estabelecida e uma doutrina nova não foi um aprofundamento da diferenciação de estilos religiosos, mas uma crescente unificação desses estilos. "Desde o século XVI", escreveu Lévi-Provencal, "[o ensino] religioso, em Fez ou no campo, gravou a mesma marca na literatura do país. A cultura do erudito marroquino tomou forma nesse período e no seguinte, e não variou desde então."

O mesmo que aconteceu em relação à literatura e ao homem culto ocorreu, mais gradual e menos completamente, com a sociedade como um todo. As concepções de diferentes tipos de homens — pastores, lavradores, artesãos, negociantes, intelectuais, funcionários — sobre a natureza da realidade última e da verdadeira moralidade não os dividiram em correntes distintas, cuja divergência aumentasse na mesma proporção que seu desenvolvimento, mas os aproximou, um tanto paradoxalmente, dados os intensos antagonismos sociais entre esses vários grupos, tornando-os variantes locais de um tema sempre presente. Que a história do encontro de Kalidjaga com o novo tenha terminado com a intransigência sob aparência da acomodação — o hinduísmo mantido por um verniz islâmico —, e que o de Lyusi, com uma capitulação sob a forma de rebelião — o princípio genealógico da legitimidade religiosa aceito no decorrer de uma colisão moral com seu grande representante —, isso oferece outra vez um soberbo diagnóstico. Ao mesmo tempo que a Indonésia se movia na direção de uma clivagem espiritual, o Marrocos se movia, de maneira não menos hesitante mas também não menos definitiva, em direção da consolidação espiritual.

O processo inteiro, a estabilização social e cultural do marabutismo marroquino, é em geral referido sob a rubrica de "sufismo"; mas como seu correspondente mais comum no Ocidente, o "misticismo", o termo sugere uma especificidade de crença e prática que se dissolve quando se examina o âmbito de fenômenos aos quais ele é aplicado. O sufismo não foi tanto um ponto de vista definido no islã, uma concepção distintiva da religiosidade como o metodismo, como uma expressão difusa daquela necessidade que mencionei no último capítulo, de que uma religião mundial possa conviver com uma diversidade de mentalidades, uma multiplicidade de formas locais de fé, sem perder a essência de sua própria identidade. A despeito das idéias sobre o além e das atividades tantas vezes associadas a ele, o sufismo como realidade histórica consiste em uma série de experimentos diferentes e até mesmo contraditórios, a maioria ocorrendo entre os séculos IX e XIX, no afã de trazer o islã (ele próprio longe de ser uma sólida unidade) para uma relação efetiva com o mundo, tornando-o acessível a seus seguidores, e estes, acessíveis a ele. No Oriente Médio, isso parece ter significado sobretudo reconciliar o panteísmo árabe com o legalismo do Alcorão; na Indonésia, recolocar o iluminacionismo hinduísta em expressões árabes; na África Ocidental, definir sacrifício, possessão, exorcismo e cura como rituais muçulmanos. No Marrocos significou fundir as concepções genealógica e miraculosa da santidade — canonizando os *hommes fétiches*.

Embora constituindo essencialmente o mesmo processo e levando a uma visão semelhante do modo como o divino aparece no mundo, essa fusão teve lugar, dada a variedade de estruturas sociais e especialmente de situações ecológicas, numa diversidade de contextos institucionais, três dos quais foram talvez os mais importantes: um culto dos santos centrado nos túmulos de marabus mortos e envolvendo a definição de linhagens sagradas constituídas pelos descendentes patrilineares do marabu enterrado; organizações religiosas voluntárias, "irmandades", obrigadas em lojas e lideradas por seguidores espirituais, os hierofantes; e finalmente o próprio governo dos xerifes, o sultanato e o culto ao seu retorno. Podemos chamar esses três ambientes institucionais, que não eram nem tão diferentes ou discordantes, nem tão independentes entre si como são às vezes apresentados, de complexo *siyyid*, por causa do nome dado aos santos mortos e também às tumbas em que se pensa que estejam enterrados; de complexo *zawiya*, a partir da palavra para designar loja de uma irmandade e, por extensão, para as irmandades em geral; e de complexo *maxzen*, por causa do termo tradicional para governo central.

O complexo *siyyid* era e é essencialmente um fenômeno tribal, embora também tenham existido importantes *siyyids* urbanos, outra evidência do fato de que no Marrocos a mentalidade tribal não se detém nos muros da cidade. Os elementos do complexo, considerados numa forma normalizada a que quase nenhuma instância particular se conforma, incluem primeiro uma tumba e a parafernália a ela associada; segundo, o santo supostamente enterrado na tumba; terceiro, os descendentes patrilineares vivos do santo; e quarto, o culto por meio do qual a *baraka* incorporada à tumba, o santo e os descendentes se tornam disponíveis para as finalidades humanas.

A tumba (ou em alguns casos o memorial) é uma construção de blocos de pedra, baixa e branca, em geral abobadada, colocada sob uma árvore, no topo de uma colina, ou isolada, como uma caixa abandonada em meio a uma planície. Há literalmente milhares dessas estruturas pouco graciosas espalhadas pelo país (é difícil viajar 30 quilômetros sem esbarrar com uma delas), mas só uma minoria é ou jamais foi centro de cultos desenvolvidos, ou seja, *siyyid*, no sentido pleno do termo. O resto é constituído por simples lugares sagrados, adequados para uma oração ou oferenda de passagem.

O santo que dá nome ao santuário, conhecido assim como "Sidi Lahsen Lyusi" ou "Sidi Ahmed bem Yussef", ou que nome tenha, é quase sempre uma figura mitológica, pesadamente coberta de lendas milagrosas como as que relatei sobre Lyusi. Além disso, nos casos mais importantes pelo menos, é ao mesmo tempo um xerife, um descendente do Profeta e o que os marroquinos chamam de *mul blad*, o "dono" (no sentido espiritual) da terra, a região em torno da tumba, ou, em ambientes urbanos, de um ofício, uma ocupação, um porto ou uma cidade como um todo — um santo padroeiro na tradição do sul da Europa ou da América Latina.

Os descendentes vivos do santo, descendentes na linha masculina, chamados de *wulad siyyid*, "filhos do *siyyid*", são como ele xerifes e são vistos como os guardiões contemporâneos de sua santidade, sua *baraka*, que herdaram dele como ele a herdou do Profeta. Essa *baraka*, porém, é distribuída desigualmente entre eles, de tal forma que, embora todos, mesmo mulheres e crianças, sejam pelo menos tocados por ela, apenas uns poucos — dois ou três homens na maioria dos casos, em alguns apenas um — serão, de acordo com a capacidade demonstrada de fazer milagres, realmente saturados por ela, e portanto verdadeiros marabus vivos. Podem-se passar gerações sem que apareçam marabus nesse sentido.

Finalmente, o culto que toda essa crença e lenda suportam consiste em mobilizar a *baraka* incorporada no santo, em sua tumba e em seus descendentes, especialmente aqueles que são marabus, para propósitos que vão dos mais triviais aos mais elevados. Não precisamos definir aqui a exata natureza desses cultos ou seus usos sociais. Talvez baste dizer que, do lado ritual, eles incluem tudo, desde o sacrifício animal e a prece de massas até trocas elaboradas de hospitalidade e esmeradas exibições a cavalo — as famosas fantasias; e do lado prático tudo, desde curas e adivinhações até mediação judicial e (no passado) organização militar. Os pontos importantes são que o complexo *siyyid* era, para muitos marroquinos, desde os berberes das montanhas, passando pelos lavradores árabes das planícies, até os artesãos, mercadores e mesmo funcionários urbanos, o principal mecanismo institucional para a mediação do islã; e que no centro dessa instituição para transformar energias divinas em energias mundanas estavam homens nos quais a genealogia sagrada e a santidade pessoal, a *baraka* herdada e por assim dizer a *baraka* caracteriológica, se encontravam para produzir a verdadeira santidade. "[Os santos]", escreveu Ernest Gellner sobre uma comunidade berbere contemporânea dos Altos Atlas, "são a carne e o sangue do Profeta. A justeza alcorânica como que emana de sua essência. O islã *é* o que eles fazem. Eles *são* o islã." E a mesma perspectiva vale para grande parte da população do Marrocos, tanto a de fala árabe quanto a berbere, tanto a urbana quanto a rural, durante os últimos quatro séculos.

Pelo menos superficialmente, o complexo *zawiya* se parece mais com nossa imagem comum da prática sufi do que o complexo *siyyid*. Literalmente retiro para a reunião de devotos na prática de vários tipos de exercícios espirituais (deriva da raiz "canto" ou "recesso"), o termo também é aplicado à organização voluntária religiosa, a irmandade, à qual a loja particular é de maneira geral afiliada. Dezenas dessas irmandades, pequenas e grandes, locais e nacionais, tediosamente formulísticas e selvagemente extáticas, foram estabelecidas durante o período alavita, algumas bem no seu começo, como os Nassiri, outras mais tarde, como os Derqawi, outras ainda em meados do século XIX, como os Kittani. Por volta de 1939, aproximadamente um quinto da população adulta masculina do Marrocos francês parece ter pertencido a uma ou outra das 23 principais irmandades, aproximadamente um sexto às sete maiores — enormes, sectárias, em expansão. Não devemos tomar esses números além de indicadores e lembrar que são de 1939, e não de 1739. Mas é bastante claro que a *zawiya* foi tão importante na vida religiosa do Marrocos depois do século XVI como fora o *ribat* (do qual ela em parte derivava) anteriormente.

Uma vez mais não é preciso detalhar as práticas cerimoniais reais que tinham lugar e ainda têm nas *zawiyas*, exceto para dizer que iam da repetição monótona dos nomes de Deus até os tipos mais célebres de movimentos dos dervixes — danças com sabres, jogos com fogo, encantamento de serpentes, flagelações mútuas etc. —, passando por sacrifícios de sangue. O que dava a qualquer irmandade particular sua unidade geral, o que fazia de uma dada loja Derwaqi e não Qadiri, ou Qadiri e não Tijani era, em todo caso, o rito particular, o procedimento ou método, *tariqa* na língua muçulmana. Para além disso, a organização acima do nível local era em geral frouxa ao extremo, uma reunião informe dos vagamente semelhantes. Socialmente, a *zawiya* era, virtualmente em todo lugar e em todas as ordens, um assunto local, um verdadeiro retiro. Sua figura de comando não era um distante chefe de toda a ordem, quando existia algum, mas, unindo forças infinitamente locais (para adaptar uma expressão de Berqe) a fins extremamente vastos, o xeque local.

Para os membros de uma *zawiya* particular, o xeque (ou xeques, pois ocasionalmente podia haver mais que um) era tanto o legítimo professor da técnica da ordem — tendo-a aprendido de tal professor, que a aprendera de tal outro professor, até chegar ao próprio fundador da ordem — quanto o homem entre eles que, por meio da técnica assim dominada, chegara mais perto de um estado de genuína santidade. Assim como nem todos os descendentes de santos eram xerifes, tampouco todos eram xeques de *zawiyas*; da mesma forma como acontecia com os *wulad siyyids*, os mais importantes entre eles eram inevitavelmente tomados como tal; ou, inversamente, homens cuja descendência do Profeta já estava estabelecida tinham probabilidade consideravelmente maior de se tornarem xeques. Algumas irmandades eram organizadas em torno de um núcleo constituído por um clã de xerifes; outras eram fundadas e perpetuadas por homens como Lyusi, cujas famílias não tinham reivindicado previamente ascendência de xerifes, mas que, agora que faziam parte da elite religiosa do país, assumiam uma visão mais espiritual de seus ancestrais. Nos dois casos, aquele que alcançava grande quantidade de *baraka* por seus próprios esforços — cantando versos ou engolindo atiçadores em chamas — tendia quase sempre a reivindicá-la também, por assim dizer, geneticamente.

Quanto ao sultanato, terei mais a dizer no próximo capítulo, quando abordar as vicissitudes de nossos estilos religiosos clássicos nos tempos modernos, pois foi nele, mais do que em qualquer outra instituição marroquina, que as contradições implícitas num islã das escrituras em teoria, mas antropólatro de fato, vieram a se localizar. Aqui basta indicar que tradicionalmente o rei do Marrocos tem sido ele próprio um *homme fétiche*, um homem vivo com carisma tanto do tipo hereditário quanto pessoal. Sua legitimidade, seu direito moral ao poder, derivava ao mesmo tempo do fato de que ele era um xerife alavita e de que era considerado por seus adeptos próximos ao trono como o membro da família dirigente espiritualmente mais apto para ocupar o cargo. Uma vez escolhido, tornava-se não só um dirigente, mas o centro de um culto real: o líder religioso oficial do país, a suprema expressão do caráter sagrado da ascendência do Profeta e o possuidor de grandes e indefinidos poderes mágicos. É verdade que, como no caso de Mulay Ismail, os aspectos de força de seu papel inevitavelmente se chocavam com os da santidade e os dominavam, e isso é crítico para o entendimento da natureza do Estado marroquino. Mas foi precisamente esse fato, que é difícil desempenhar o papel de monarca e de santo ao mesmo tempo, que fez (e, arrisco a dizer, faz) o culto tão necessário.

Os elementos do culto real incluíam o patrocínio de eruditos religiosos nas grandes cidades imperiais, do mesmo modo como Mulay Ismail patrocinou Lyusi até que este começou a quebrar os pratos; a celebração de certas cerimônias nos principais dias de festas muçulmanas e em certos outros feriados relacionados ao reinado; a nomeação de juízes islâmicos e outros funcionários religiosos; a veneração pública do fundador da dinastia alavita em seu túmulo ao sul do Marrocos; a pregação do sermão de sexta-feira em nome do sultão e assim por diante. Uma vez mais não precisamos dos detalhes. O ponto importante é que a *baraka* estava ligada ao sultão e a alguns membros de sua equipe, a Maxzen, do mesmo modo que a certos descendentes dos santos e a certos chefes de irmandades. A despeito de suas enormes diferenças de status, poder e função, e a despeito do fato de que todos estavam em oposição mais ou menos aberta entre si, eram todos, do ponto de vista religioso, a mesma espécie de figura. A devoção popular aos santos, a doutrina sufi (tanto a espanhola quanto a do Oriente Médio) e o princípio do xerife fluíam juntos para um mesmo canal espiritual predeterminado: o marabutismo.

"Misticismo", "devoção", "adoração", "crença", "fé", "tradição", "virtude", "espiritualidade", até mesmo "religião" são palavras que usamos e precisamos usar, pois não há outras por meio das quais possamos falar de maneira inteligível sobre nosso tema, e elas acabam assim por significar coisas bem diferentes nos dois casos, quando comparamos o modo como cada um desses dois povos veio a desenvolver uma concepção característica da vida, concepção esta a que chamaram de islâmica. Do lado indonésio, introspecção, imperturbabilidade, paciência, estabilidade, sensibilidade, esteticismo, elitismo e um retraimento quase obsessivo, a dissolução radical da individualidade; do lado marroquino, ativismo, fervor, impetuosidade, ousadia, dureza, moralismo, populismo e uma auto-afirmação quase obsessiva, a intensificação radical da individualidade. O que dizer quando confrontamos um quietista javanês como Kalidjaga com um berbere fanático como Lyusi, senão que, embora ambos sejam muçulmanos e místicos, são muçulmanos de espécies diferentes e místicos de espécies diferentes? Não é verdade, como observou alguém, que quanto mais mergulhamos nas particularidades menos conhecemos qualquer coisa em particular? Estaria o estudo comparado da religião condenado à descrição negligente e a uma celebração igualmente negligente do único?

Acredito que não. A esperança de conclusões gerais nesse terreno não está depositada em alguma semelhança transcendente no conteúdo da experiência ou na forma do comportamento religioso de um povo para o outro, ou de uma pessoa para a outra. Ela reside no fato, ou no que eu tomo como fato, de que o terreno em que dominam esse conteúdo e esse comportamento não é uma mera coleção de idéias, emoções e atos isolados, mas um universo ordenado, cuja ordem descobriremos precisamente pela comparação circunstanciada de casos extraídos de suas diferentes partes. A tarefa central é descobrir ou inventar os termos apropriados para a comparação, os esquemas apropriados a partir dos quais observar materiais diferentes de tal maneira que sua diferença nos leve a uma compreensão mais profunda deles. Seria imprudente de minha parte prometer demais a esta altura, ou simplesmente prometer qualquer coisa. Mas este livro, em todo caso, é uma tentativa de desenvolver, passo a passo e empiricamente, e não dedutivamente, tal esquema. O que afinal Kalidjaga e Lyusi têm em comum é o mesmo que os planetas e os pêndulos têm em comum: olhados sob a luz adequada, suas diferenças mesmas é que os unem.

3

O interlúdio dos seguidores das escrituras

A idéia de que as religiões mudam parece uma heresia em si mesma. Pois o que é a fé senão uma atração pelo eterno, e o que é a devoção senão uma celebração do permanente? Houve jamais uma religião, da australiana à anglicana, que tenha tomado suas preocupações como transitórias, suas verdades como perecíveis, suas exigências como condicionais? E no entanto é claro que as religiões mudam, e qualquer um, religioso ou não, com conhecimento de história ou idéia sobre o desenvolvimento do mundo sabe disso e espera que aconteça. Para quem acredita, esse paradoxo apresenta um repertório de problemas que não constituem a minha questão enquanto tal. Mas para o estudioso da religião, ele também apresenta um problema: como uma instituição intrinsecamente dedicada ao que é fixo na vida constitui tão notável exemplo de tudo o que nela muda? Aparentemente nada se altera tanto como o inalterável.

No nível secular, a solução desse paradoxo reside no fato de que a religião não é o divino, nem mesmo alguma manifestação dele no mundo, mas uma concepção sobre o divino. Seja o que for que o real parеça ser na realidade, os homens, se forem conscienciosos, se contentam com aquilo que consideram ser descrições ou guias para se relacionar com ele. E as imagens que parecem reveladoras e orientadoras nesse sentido dependem do lugar, como tentei mostrar no último capítulo, e do tempo, como tentarei mostrar neste. O que acontece a um povo em geral também acontece à sua fé e aos símbolos que a formam e sustentam. Entre os homens que usei no último capítulo como figurações da espiritualidade indonésia e marroquina nos tempos clássicos, Kalidjaga e Lyusi, e os que usarei (de maneira ligeiramente diferente) neste capítulo como expressão dessa espiritualidade no nosso tempo — o presidente Sukarno e o sultão Mohamed V —, então a revolução Industrial, a intervenção e dominação do Ocidente, o declínio do princípio aristocrático de governo e o triunfo do nacionalismo radical. O que surpreende não é que haja diferença entre os dois conjuntos de perfil, mas que haja alguma semelhança.

Claro que nos interessa não a mera diferença entre o passado e o presente, mas a maneira como o passado se tornou presente, os processos sociais e culturais que os conectam. Há em verdade uma grande distância entre a Demak ou a Meknes pré-coloniais e a Jacarta ou a Rabat pós-coloniais. O tradicionalista mais cego é capaz de ver isso. O problema é entender como, dado aquele começo, chegamos neste momento a essa situação.

Para cumprir essa tarefa — a explicação científica da mudança cultural — nossos recursos intelectuais são escassos. Discussões sistemáticas a respeito das transformações das sociedades — daquilo que supomos que elas foram ao que elas parecem ser agora — seguem em geral uma ou outra das estratégias que podemos qualificar como indexação, tipologia, aculturação do mundo e evolucionista.

A mais simples delas é a que segue os índices. Um certo número de índices em geral meio arbitrários de avanço social — alfabetização, quilômetros de estradas pavimentadas, renda per capita, complexidade da estrutura ocupacional — são formulados, e a sociedade em questão é medida por eles. A mudança consiste no movimento da pontuação inicialmente muito distante daquela característica das sociedades plenamente industrializadas em direção a uma aproximação com elas. Mesmo quando não se usam medidas quantitativas, o estilo do pensamento é o mesmo: a mudança religiosa consiste (digamos) num declínio do elemento mágico na veneração e num aumento do aspecto devocional; a mudança política (digamos), na maior hierarquização da autoridade.

A abordagem tipológica envolve a concepção de estágios típico-ideais — "primitiva", "arcaica", "medieval", "moderna" ou o que seja —, considerando a mudança como a passagem de um desses estágios para o seguinte. A trajetória de uma cultura é retratada numa série de instantâneos tirados em certos pontos estratégicos de seu desenvolvimento e arranjados numa seqüência ao mesmo tempo temporal e lógica.

Na abordagem da aculturação do mundo, a modernização é concebida como uma apropriação do Ocidente, e a mudança é conseqüentemente medida pelo grau em que os valores, idéias e instituições que supostamente foram aperfeiçoados no Ocidente — ascetismo mundano, estado de direito ou família nuclear — se difundiram para a sociedade examinada e nela criaram raízes.

Na perspectiva evolucionista, que agora retorna às preferências depois de um longo eclipse, certas tendências históricas mundiais — crescente diferenciação social, crescente controle da energia, crescente individualismo e crescente civilidade — são postuladas como intrínsecas à cultura humana, e o movimento da sociedade é medido em termos da expressão dessas tendências, a despeito da letargia da história.

Na minha opinião, nenhuma dessas abordagens parece muito promissora. A metodologia dos índices pode ser usada se tivermos uma idéia prévia da natureza dos processos que estamos investigando e se os índices forem na realidade reflexos desses processos. Mas como maneira de chegar a esses processos, ela é virtualmente inútil. Meramente empilhamos índices por meio dos quais ordenar as sociedades, sem obter um quadro mais claro da realidade histórica que esses índices eventualmente refletem.

A abordagem tipológica não padece apenas da limitação de que há quase tantas teorias quanto teóricos dos estágios; mas, de modo ainda mais crítico, a de sublinhar uma série de perfis facilmente hipostasiados do que é na realidade um processo, como se estivéssemos tentando entender a dinâmica do crescimento humano em termos de uma sucessão de estágios biológicos descontínuos chamados infância, meninice, adolescência, idade adulta e velhice.

O modelo da aculturação do mundo simplesmente supõe o que de fato precisa ser demonstrado (e é provavelmente falso) — que o desenvolvimento daquilo que nessa linguagem às vezes é chamado de sociedades "atrasadas" consiste em sua aproximação da condição presente da sociedade ocidental, e de que essa aproximação está acontecendo por meio de uma difusão mais ou menos rápida da cultura ocidental. Há dúvidas de que essa convergência em relação aos padrões ocidentais esteja ocorrendo, mas não só. A abordagem não tem como investigar a contribuição da cultura recebedora para um processo de mudança que não seja passivo. De fato, a cultura estabelecida (e em particular a religião estabelecida) é em geral vista, nesta abordagem, como uma barreira a ser superada para que a mudança possa acontecer.

Quanto às teorias evolucionistas, elas se fundam, quando não são gerais a ponto de serem inteiramente vazias — "um progresso da simplicidade desorganizada à complexidade organizada" e coisas do tipo —, na idéia discutível de que as tendências observadas da história mundial podem ser convertidas sem mais delongas em leis históricas; em outras palavras, que o modo como a história aconteceu é o modo como ela deve acontecer.

Essas várias estratégias para o estudo da mudança podem ser combinadas, e algumas delas (por exemplo, a evolucionista e a tipológica) em geral o são. Mas, tomadas em conjunto ou separadamente, me parecem compartilhar um defeito comum: descrevem os resultados da mudança, e não seus mecanismos. Pode bem ser verdade que, comparados à Indonésia ou ao Marrocos de 1767, a Indonésia ou o Marrocos de 1967 sejam mais alfabetizados, tenham deixado de ser sociedades "arcaicas" para se tornarem "pré-modernas" (o que quer que isso signifique), tenham sido profundamente influenciados por valores, técnicas e modos de pensar ocidentais e exibam grau muito maior de diferenciação social. Mas dizer isso é levantar perguntas, não as responder. O que queremos saber é, uma vez mais, por meio de que mecanismos e a partir de que causas essas transformações extraordinárias aconteceram. E para isso precisamos treinar nossa atenção primária, não em índices, estágios, traços ou tendências, mas em processos, na maneira pela qual as coisas deixam de ser o que são e se transformam em outras coisas.

Num certo sentido, colocar o problema dessa maneira — como nossos países chegaram onde estão a partir do que eram — é fazer a história de trás para diante. Pensamos que, ao conhecer o resultado, basta que observemos como, a partir de um tipo de situação que se dava no passado, ele se produziu. Há um certo perigo nesse procedimento, pois é fácil demais inverter o raciocínio e supor que, dada a situação passada, o presente tinha que acontecer. Este é na verdade o erro lógico, reforçado por sonhos de grandeza científica, que cometem os evolucionistas sociais e, em termos mais gerais, todos os tipos de deterministas históricos. Porque o raciocínio não pode ser invertido. A partir da forma que as coisas assumiam nos tempos de Kalidjaga ou de Lyusi, milhares de futuros eram possíveis. O fato de que somente um foi alcançado não prova que o presente estava implícito no passado, mas que na história, antes de acontecer, os eventos são possibilidades, e passam a ser certezas somente depois. É legítimo olhar um estado posterior das coisas e nele isolar em retrospectiva as forças que o teriam produzido a partir de um estágio anterior. Mas não é legítimo localizar essas forças no próprio estado anterior das coisas, nem localizá-las em qualquer lugar a não ser nos eventos em que elas na realidade operaram. A vida, como disse Kierkegaard, é vivida para a frente e entendida para trás. Para o sociólogo histórico —, cujo objeto é a explicação geral — em oposição ao historiador descritivo — cujo objeto é o retrato fiel —, fazer história de trás para frente é a maneira apropriada de fazê-la.

No que diz respeito ao nosso tópico, a mudança religiosa na Indonésia e no Marrocos, a grande diferença da situação presente em relação à que antes descrevi é que os estilos religiosos clássicos, em cada caso — iluminacionismo e marabutismo — e em certa medida, não estão mais sozinhos no campo, mas são assediados por todos os lados por tendências adversas. Atacados à esquerda espiritual pelo secularismo e, o que é mais importante, à direita espiritual pelo que chamarei, num uso talvez um tanto excêntrico do termo, de "escrituralismo", as tradições principais não só não detêm mais a hegemonia que outrora detiveram, como não chegam nem a ter uma definição. Permanecem, de uma maneira muito geral e vaga, como orientações religiosas básicas em seus respectivos países, como as formas características da fé. Substantivamente não mudaram. O que mudou, se pudermos nos expressar antropomorficamente por um momento, foi a idéia de que sua dominação é completa, e sua posição segura. Isso passou e, salvo desenvolvimentos extraordinários, passou definitivamente. Elas ou mais precisamente seus seguidores estão num conflito, herdeiros de uma visão já experimentada e ao mesmo tempo embaraçosamente desatualizados. A devoção permanece, mas a segurança não.

Descrever a história religiosa dos últimos 150 anos na Indonésia e no Marrocos, por exemplo, é descrever um aumento progressivo da dúvida. Mas uma dúvida de tipo peculiar. Com algumas exceções, que podem ou não representar o aceno do futuro (inclino-me a pensar que não), houve muito pouco aumento do ceticismo, no sentido próprio do termo, do ateísmo e do agnosticismo. Quase todos em cada um dos dois países ainda têm crenças que podemos, quase segundo qualquer definição, chamar de religiosas, e a maioria deles tem muitas. Aquilo de que eles duvidam inconscientemente e de modo intermitente é sua crença — sua profundidade, sua força —, e não sua validade. Espero não estar sendo sutil demais ou paradoxal. Não é essa a minha intenção. O que estou tentando dizer é difícil, mas, em minha opinião, muito importante. No nível espiritual, a grande mudança entre os dias de Mataram e do Mulay Ismail e os dias de hoje é que a primeira pergunta deixou de ser "O que devo acreditar?", para tornar-se "Como devo acreditar?". Em nenhum dos dois países grande número de homens deixou de acreditar em Deus. Mas eles passaram, talvez não em grande número, mas em número significativo, a duvidar de si mesmos.

Tentei expressar o problema no primeiro capítulo em termos da distinção entre "religiosidade" e "inclinação religiosa", entre ser possuído pelas convicções religiosas e possuí-las. A inclinação religiosa, celebrando a crença, e não o que a crença afirma, é na realidade uma resposta, talvez a mais lógica, ao tipo de dúvida a que estou me referindo. Dado um deslocamento entre a força dos símbolos clássicos — que diminuiu — e seu apelo — que não diminuiu, ou pelo menos não diminuiu tanto —, o procedimento adequado seria fundar sua validade em algo que não seu imperativo intrínseco: a saber, para ser paradoxal uma última vez, sua vacuidade — sua reputação espiritual, e não seu poder espiritual.

O grosso das duas populações ainda considera o modo natural de expressão espiritual uma busca introspectiva do equilíbrio psíquico ou uma intensificação moral da presença pessoal. O problema é que em nossos dias a naturalidade parece cada vez mais difícil de se atingir. Tudo é cada vez mais terrivelmente deliberado, desejado, estudado, *voulu*. De todo modo vítimas, nessa dimensão, de uma situação social alterada, um número cada vez maior de indonésios e de marroquinos está descobrindo que, embora as tradições religiosas de Kalidjaga e de Lyusi sejam acessíveis e de fato atraentes para eles, a certeza que essas tradições produziam já não o é. A transformação dos símbolos religiosos, de revelações imagéticas do divino, evidências de Deus, em afirmações ideológicas da importância do divino, emblemas da devoção, foi em cada um desses países a reação comum a tal descoberta desesperadora. E é esse processo, bem como a perda de autoconfiança espiritual em que ele se funda, que de alguma maneira precisamos explicar.

Como dificilmente poderíamos mostrar toda a textura da mudança histórica em tempos recentes para nossos dois países, abordemos três desenvolvimentos separados, embora relacionados, cujo impacto na cultura clássica foi o mais profundo: o estabelecimento da dominação ocidental; a influência crescente do islã escolástico, legalista e doutrinal, vale dizer, das escrituras; e a cristalização de um Estado-nação ativista. Em conjunto, esses três processos, nenhum dos quais ainda concluído, abalaram a velha ordem na Indonésia e no Marrocos tão completamente — embora até aqui não tão produtivamente — quanto o capitalismo, o protestantismo e o nacionalismo abalaram o Ocidente.

Se observarmos os períodos coloniais das duas sociedades, a primeira coisa que chama a atenção é a duração aparentemente muito maior do indonésio que do marroquino. O período indonésio tende a ser datado a partir da fundação da Batávia, em 1619; o marroquino, a partir do estabelecimento do protetorado francês, em 1912. Mas essas datas são extremamente enganadoras: a indonésia, por antiga demais, a marroquina, por recente demais. A influência holandesa intensiva na Indonésia foi confinada às áreas costeiras de Java e certas partes das Molucas até bem tarde no século XVIII; mesmo então o controle era limitado e desigual. Por outro lado, a penetração européia forçada nas áreas costeiras do Marrocos data do século XV, e, a partir do XVII, as intrigas políticas e econômicas das potências européias foram um elemento constante na cena marroquina. Sem tentar negar que a intensidade da experiência colonial dos dois países foi diferente, acredito ser possível argumentar que a data mais razoável para o começo do alto imperialismo, o tipo cujos efeitos sociais foram fundamentais e duradouros, é a mesma para ambos os países: 1830 — o ano em que os franceses tomaram a Argélia e os holandeses lançaram o maciço programa de cultivo forçado em Java, conhecido de modo um tanto confuso como "sistema da cultura."

O primeiro impacto do colonialismo foi aqui, como em outros lugares, econômico. A demanda européia por bens de consumo — café e açúcar na Indonésia, lã e trigo no Marrocos — deu início ao período do colonialismo pleno; a demanda européia de matérias-primas industriais — borracha na Indonésia, fosfatos no Marrocos — consumou-o. No período intermediário, foram estabelecidas as bases de uma economia moderna, uma economia de enclave, é certo, mas nem por isso menos moderna. Não precisamos citar os números, que são suficientemente conhecidos, nem reencenar a polêmica, ainda mais bem conhecida. Os grandes monumentos do colonialismo não são catedrais, teatros ou palácios, mas rodovias, ferrovias, portos e bancos.

Mas, é claro, além de seu impacto econômico, e em grande parte por causa dele, o colonialismo também criou uma situação política única, para não dizer bizarra. Não só os dirigentes nativos foram removidos ou reduzidos a agentes de potências estrangeiras; porém, e mais importante, os símbolos de legitimidade, as sedes do poder e os instrumentos da autoridade foram rudemente dissociados. Já me referi a isso no caso da Indonésia: como, depois da redução de Mataram, os holandeses determinaram e passaram a impor fisicamente suas políticas; a aristocracia transformada se ocupou da administração do dia-a-dia; e a antiga corte conservou ou pelo menos tentou conservar a ilusão da continuidade cultural. O mesmo vale para o Marrocos, onde os franceses (e espanhóis) governavam pela mediação de homens fortes nativos em nome do sultanato xerifiano. O principal resultado desse estranho estado de coisas foi duplo: criou-se um marco de referência para a integração nacional de um tipo até então desconhecido; e a distinção entre governante e governado tornou-se algo mais que uma diferença de poder, status ou situação; tornou-se uma diferença de identidade cultural. Ao mesmo tempo que traziam a Indonésia e o Marrocos à existência, na condição de estados integrados, os protetorados e as Índias Orientais traziam-nos à existência como estados bifurcados.

Em verdade, sociedades bifurcadas, porque organizados em torno do núcleo de soldados e funcionários coloniais reuniam-se administradores de fazendas, agricultores comerciais, banqueiros, operadores de minas, exportadores e mercadores (mais alguns religiosos, professores e sábios) para os quais todo o empreendimento fora montado. Fechado, privilegiado e acima de tudo estrangeiro, esse grupo constituiu um elemento indigesto em cada uma das sociedades. Nenhuma ideologia colonial que buscasse justificar o imperialismo conduzindo-o a um terreno mais elevado — nem a *mission civilisatrice* da vaidade francesa, nem a *etische richting* dos calvinistas holandeses — poderia jamais mudar este fato. Em realidade, essas apologias eram respostas à sua própria teimosia. Além de econômico e político, o enfrentamento colonial era espiritual: um choque de egos. E nessa parte da luta os colonizados, com custos e exceções, triunfaram: embora um tanto reformados, mantiveram-se a si mesmos.

Nessa determinada manutenção da personalidade social, a religião desempenhou, como era de se esperar, um papel central. A única coisa que a elite colonial não era e, exceto por alguns casos ambíguos, não poderia vir a ser era muçulmana. Os ornamentos da cultura local podiam ser adotados — cuscuz, arcos mouriscos, no Marrocos; *rijstaffel*, sarongues, salões sem paredes, na Indonésia. A etiqueta local podia ser imitada, o artesanato local cultivado. O próprio idioma podia ser aprendido. Mas tudo era *mauresque* ou *indische*, e não marroquino ou indonésio. A verdadeira linha que separava, no caso marroquino, nazarenos e aqueles que tinham fé, ou, no indonésio, cristãos e islamitas não foi apagada. Em verdade tornou-se mais nítida. De maneira curiosamente irônica, o envolvimento intenso com o Ocidente trouxe a fé religiosa para mais perto do centro da autodefinição desses povos do que ela costumava estar. Antes os homens eram circunstancialmente muçulmanos; agora passavam a sê-lo cada vez mais por uma questão política. Eram muçulmanos *de oposição*. Não só de oposição, é claro; mas no que tinha sido um desprezo medieval pelos infiéis se insinuava uma tensa nota moderna de ansiedade e orgulho defensivo.

Se o colonialismo criou as condições para o florescimento de um islã de oposição, preservador da identidade e voluntarista, a adesão às escrituras — a atenção ao Alcorão, ao Hadith, à Sharia e aos vários comentários como únicas bases aceitáveis de autoridade religiosa — fornecia o conteúdo para ele. A presença ocidental produziu uma reação não só ao cristianismo (esse aspecto da questão pode com facilidade ser exagerado), mas também contra as tradições religiosas clássicas dos próprios países. O fogo doutrinário dos defensores das escrituras não foi dirigido principalmente contra as crenças e práticas européias, cuja influência na vida espiritual marroquina ou indonésia era tangencial e indireta; mas contra o marabutismo e o iluminacionismo. Estimulada de fora, a revolta era interna.

Na Indonésia, o movimento geral em direção a um islã das escrituras, e não ao islã do transe ou do milagre, tem sido associado com a palavra *santri*, termo javanês para "estudante religioso". No Marrocos não teve um nome único e de fato apresentou um desenvolvimento menos capsular, mas centrou-se também em torno da mesma figura, ali chamada de *taleb*. Nenhum desses movimentos foi muito organizado ou integrado; até recentemente eram inteiramente desorganizados e careciam completamente de integração. Nenhum deles era novo no período colonial: havia disputas escolásticas nos abafados colégios das mesquitas de Fez e Demak quase desde o tempo da chegada do islã. Mas foi no período colonial, no alto período colonial, que ganharam força e — culminando, como veremos, numa espécie de autopurificação convulsiva — ameaçaram por algum tempo, não só excluir as tradições clássicas do centro do palco, mas expulsá-las inteiramente da cena.

Já mencionei como depois da implantação do islã as orientações religiosas indonésias começaram a distribuir-se em três correntes separadas e quase incomensuráveis. A tradição hinduísta continuou destituída (exceto em Bali, que nunca foi islamizada) da maior parte de sua expressão ritual, mas não de seu temperamento introspectivo. Sua força principal estava em Java e entre as classes privilegiadas, mas também tinha representação em outros lugares. A massa do campesinato continuava devota dos espíritos locais, dos rituais domésticos e dos encantamentos conhecidos. Que espíritos, rituais e encantamentos eram esses, isso diferia de grupo para grupo, quase de cidade para cidade. Exceto pelas tribos papuas na Nova Guiné e nas Molucas, havia e ainda há entre todas elas uma semelhança que sem dúvida deriva de um conjunto comum de formas ancestrais, o que às vezes é chamado de substrato malaio. Cristãos e pagãos (cerca de 6% da população) à parte, todas essas pessoas, tanto pequena nobreza quanto campesinato, se consideravam muçulmanas. Era só na terceira corrente, os *santri*, que essa concepção implicava uma detalhada adesão às demandas legais, morais e rituais da escritura islâmica. Como confissão, o islã era virtualmente universal na Indonésia no final do século XIX; mas como corpo de doutrina canônica, mesmo que esporadicamente observada, não. O islã ortodoxo, ou, mais precisamente, o islã que tentava ser ortodoxo, era (e ainda é) um credo minoritário.

As bases de um islã mais formalista foram, como eu disse, firmadas muito antes do século XIX. Os breves florescimentos da cruz e do crescente no século XVII em Atjeh, no extremo norte de Sumatra, em Makassar, no extremo sul das Célebes, e em Bantam, no extremo oeste de Java, pelo menos já as prefiguravam, da mesma forma que, numa espécie de imagem invertida, os agudos ataques literários proferidos por poetas da corte contra funcionários das mesquitas e juízes corânicos no século XVIII. Mas foi só no século XIX que ele veio a cristalizar-se definitivamente numa contratradição agressiva, que denunciava como ímpio não só o domínio holandês, mas também o hinduísmo da pequena nobreza e o sincretismo camponês.

Os agentes imediatos dessa cristalização foram as peregrinações a Meca, os internatos muçulmanos e o sistema interno de mercado. Eles também não eram novos, mas cresceram enormemente de importância depois de 1850, quando os barcos a vapor, os trens e o canal de Suez repentinamente encolheram o mundo, reduzindo-o a dimensões domésticas. As peregrinações, nas quais 2 mil indonésios partiram em 1860, 10 mil em 1880, e 50 mil em 1926, criaram uma nova classe de adeptos espirituais: homens que tinham estado na Terra Santa e (assim pensavam) visto o islã através de uma lente cristalina. Ao retornarem, os mais sérios deles fundavam internatos religiosos, muitos dos quais bastante grandes, para instruir os jovens no que consideravam os verdadeiros e negligenciados ensinamentos do Profeta. Chamados de *ulama*, do termo árabe usado para "eruditos religiosos", ou *kijaji*, do javanês para "sábio", esses homens se tornaram os líderes da *santri*, comunidade que logo se expandiu para incluir qualquer um que tivesse freqüentado uma escola religiosa alguma vez na vida, ou mesmo que simpatizasse com os sentimentos difundidos por tais escolas, tivesse ou não freqüentado uma delas.

Por sua vez, as conexões entre essa comunidade sectária (no contexto indonésio) e o sistema interno de mercado — uma rede de pequenos bazares ao ar livre — são em parte históricas e em parte funcionais; históricas porque, como já observei diversas vezes, o islã foi trazido para a Indonésia por uma expansão do comércio que, dois séculos mais tarde, se voltou para dentro com a dominação holandesa ao longo da costa; funcional porque havia uma afinidade eletiva, para utilizar a famosa expressão de Weber citando Goethe, entre o comércio de pequena escala, itinerante, e uma variedade de hospedarias religiosas informais, independentes, acessíveis e virtualmente gratuitas, largamente espalhadas pelo campo. Mesquita e mercado formavam um par natural em boa parte do mundo islâmico, uma pavimentando o caminho do outro, e vice-versa, na disseminação de uma civilização igualmente interessada neste mundo e no outro. Na Indonésia, onde a alta cultura era basicamente hindu, eles surgiram, unidos pelas peregrinações e a escola religiosa, como uma força invasora, dissonante e desestabilizadora.

Em sua formação, a comunidade de peregrinos, eruditos, estudantes e mascates desenvolveu, primeiro gradualmente, depois com velocidade crescente, uma concepção da religiosidade em que o iluminacionismo do estilo clássico foi encontrando um espaço cada vez menor, até finalmente inexistir. Nas primeiras fases, a diferença entre as duas tradições era mínima; os ensinamentos nas escolas *santri* eram pouco mais do que crenças essencialmente pré-islâmicas misturadas com um pouco de terminologia, números de mágica e alguma imagem obtidas de xeques sufis na Terra Santa. Mas ao longo do século o conteúdo dos ensinamentos se tornou não-hindu e não-malaio, e também anti-hindu e antimalaio.

Tornou-se também anti-holandês, e entre 1820 e 1880 irromperam pelo menos quatro grandes (e uma miríade de pequenas) insurreições *santri* dirigidas simultaneamente contra as tradições estabelecidas e o poder colonial. Na Sumatra ocidental, entre 1821 e 1828, um bando de peregrinos fanáticos, ultrajados pela heterodoxia dos costumes locais e favoráveis ao estabelecimento de um governo teocrático, massacrou a família real indianizada e grande número de funcionários locais, sendo detido apenas pela invasão militar holandesa. No centro de Java, em 1826-30, um desapontado aspirante ao trono javanês proclamou-se Mahdi (isto é, o Messias muçulmano) e lançou uma Guerra Santa em larga escala contra o governo colonial e seus agentes nativos. No noroeste de Java, nas décadas de 1840 e 1880, levantes populares incitados pelos *ulamas* locais varreram a quase totalidade da comunidade européia residente e a maioria dos funcionários javaneses mais importantes. No norte de Sumatra, em 1873-1903, os *atjehnes*, combinando memórias de um passado corsário, desprezo geral pelos estrangeiros de todos os tipos e uma concepção de si mesmos como os mais sérios muçulmanos da Ásia, se envolveram em batalhas contra os holandeses durante 30 anos. Por volta de 1900, o santrismo estava firmemente estabelecido como ideologia religiosa dissidente e como centro de rebelião política. E o equilíbrio de poder espiritual que, como mencionei no último capítulo, os mantinha senão inteiramente integrados, pelo menos numa trégua, foi definitivo e, em minha opinião, irrecuperavelmente perdido.

No século XX, o movimento dos seguidores das escrituras caminhou na direção do que, no caso, era sua conclusão lógica: o purismo radical e sem concessões. Depois de 1880, a ascensão em todo o mundo muçulmano do que foi chamado, de modo vago e insatisfatório, de reforma islâmica — a tentativa de restabelecer o "simples", "original", "não corrompido", "progressista" islã dos Dias do Profeta e dos Califas Corretamente Orientados — simplesmente forneceu uma base teológica explícita para o que, de modo menos reflexivo, vinha se desenvolvendo na Indonésia durante pelo menos meio século. A propagação dos argumentos dos revivalistas do Oriente Médio (que era intensa por volta de 1920) que advogavam o retorno ao Alcorão e o rumo à modernidade, como Jamal al-Din Al-Afghani ou Mohamed Abduh, não mudou a direção do pensamento *santri*, mas completou-o.

Essa tensa mistura de fundamentalismo radical e modernismo determinado foi o que tornou as fases culminantes do movimento dos defensores das escrituras tão intrigantes aos olhos dos observadores ocidentais. Um passo atrás para um melhor salto à frente é um princípio estabelecido de mudança cultural; nossa própria Reforma foi feita assim. Mas no caso islâmico o passo atrás parece ter sido considerado o próprio salto, e o que começou como uma redescoberta das escrituras acabou como uma espécie de deificação delas. "A Declaração dos Direitos do Homem, o segredo do poder atômico e os princípios da medicina científica", disse-me certa vez um *kijaji* progressista, "tudo isso se encontra no Alcorão", e continuou citando o que considerava as passagens relevantes. Desse modo, o islã se torna uma justificação da modernidade sem ter se modernizado. Promove aquilo que ele mesmo, para falar em termos metafóricos, não pode abraçar nem compreender. Em vez de representar os primeiros estágios na reforma do islã, a volta às escrituras do século XX veio representar, tanto na Indonésia como no Marrocos, os últimos estágios de sua ideologização.

Embora em linhas gerais o movimento marroquino na direção de um islã professoral tenha sido extremamente similar ao indonésio, o modo como funcionou no detalhe e a maneira particular como exerceu seu impacto foram um tanto diferentes. Há diversas razões para isso. Em primeiro lugar, embora desde o começo ambas as sociedades tivessem uma tradição de estudos no sentido propriamente islâmico, essa tradição era muito mais desenvolvida no Marrocos do que na Indonésia, onde, com poucas exceções, poetas, cronistas e filósofos eram hinduístas na perspectiva e no treinamento. Segundo, e talvez mais importante, o árabe era o idioma nativo de pelo menos a maioria da população do Marrocos (e conhecida do resto deles), enquanto na Indonésia era uma língua estrangeira, tão estrangeira que, mesmo entre os *ulamas* e *kijajis*, provavelmente nem uma pessoa em cem realmente chegou a dominá-lo. A cultura árabe teve então seu papel na defesa que os aficionados das escrituras faziam da personalidade nacional no Marrocos, o que não podia acontecer na Indonésia, onde os *santris* entoavam o Alcorão com pronúncias ecoadas e adquiriam a compreensão possível do texto a partir de resumos e anotações em vernáculo ditados por professores cujo entendimento do original, na maioria dos casos, era apenas sofrível. Os indonésios podiam ser, e em certos momentos eram, pan-islâmicos, mas não podiam ser pan-arábicos; os marroquinos podiam ser as duas coisas, e de fato não distinguiam entre elas.

Finalmente, nos tempos de Granada, Sevilha e Córdoba, os marroquinos, pelo menos, viviam na periferia imediata de uma grande civilização islâmica — alguns diriam que a maior — enquanto os indonésios jamais estiveram próximos de qualquer dos principais florescimentos da cultura muçulmana. Mesmo a dinastia Mughal, da Índia, que foi a mais próxima, parece não os ter tocado. Manter contato direto com centros sofisticados de pensamento e perdê-lo, como aconteceu com o Marrocos antes do século XIV, é muito diferente de nunca os ter tido. É mais fácil reviver o próprio passado, mesmo que imaginário, do que o importar de alguém e então tentar revivê-lo.

E, no entanto, a despeito disso tudo, seria um erro avaliar de modo muito positivo a tradição erudita do Marrocos. Ela foi sempre uma coisa restrita e especializada, assunto de uns poucos esnobes reclusos, sobre os quais circula a história de um erudito do século XVIII que teria conseguido fazer 2.100 conferências (não se sabe para que audiência) sobre a partícula "b–" na expressão *bismi'llah*, história que, embora caricatural, não parece inteiramente equivocada. Como movimento popular, o "escrituralismo" não é mais antigo no Marrocos do que na Indonésia, nem, pelo menos tanto quanto posso ver, mais erudito. Tem porém raízes endógenas e um desenvolvimento autóctone.

Aqui o "escrituralismo", com toda sua oposição ao marabutismo, não apareceu como uma força invasora rompendo o delicado equilíbrio entre compromissos incompatíveis, mas como a continuação de uma antiga tendência em direção à consolidação espiritual. Assim como o princípio xerifiano — a genealogização do carisma — trouxera a devoção aos santos, as irmandades e o culto ao rei para o mesmo marco, embora frouxo, do marabutismo hereditário, o movimento dos seguidores das escrituras tentou substituir essa síntese, vista por ele como herética e ultrapassada, por outra, baseada numa ortodoxia do credo precisamente definida. A luta entre os campeões da antiga tradição e os da nova foi dura e intensa, e ainda não terminou. Mas era uma luta pela liderança religiosa da nação como um todo, e não meramente por uma parte dela. A ascensão do escrituralismo não levou, como na Indonésia, a uma divisão espiritual, ao enrijecimento de variações aceitas, à separação absoluta; levou à concentração espiritual, ao confinamento da vida religiosa dentro de um círculo mais estreito, nitidamente demarcado.

O veículo dessa focalização foi mais uma vez o chamado movimento "reformista", ou "fundamentalista", ou "modernista", ou "neo-ortodoxo", fundado ao fim do século XIX pelo teólogo egípcio Mohamed Abduh, comumente conhecido em árabe como o movimento Salafi, de *as-salaf as-salih*, literalmente, "os ancestrais justos" — Maomé e seus companheiros. Também aqui as bases foram lançadas mais cedo, principalmente por estudiosos, em volta do sultanato e na famosa universidade da mesquita de Fez, o Qarawiyyin. Os ataques abertos ao marabutismo começaram na virada do século XVIII. Mas as idéias do Salafi só começaram a vigorar, ainda que em círculos restritos, a partir da década de 1870, quando um marroquino — de fato outro berbere inquieto do interior — voltou de seus estudos no Egito para advogar, no Qarawiyyin e no conselho real dos eruditos, o descarte dos comentários pós-corânicos e uma rejeição do sufismo em todas as suas formas. Por volta de 1900 a luta entre o "escrituralismo" e o marabutismo estava definitivamente em curso. Na década de 1920 ela dominava não apenas a discussão erudita, mas também a popular; e a jactância de Allal Al-Fassi, em última análise a principal personalidade do movimento, com relação ao "modo como o movimento Salafi [era] dirigido no Marrocos ... lhe assegurava um sucesso sem precedentes, mesmo no país de Mohamed Abduh e Jamal al-Din, onde se originara", estava longe de ser irrelevante. Na realidade, a despeito da limitação do salafismo (que não é conhecido localmente dessa maneira) a apenas um subgrupo da população, a frase também não teria sido irrelevante para a Indonésia.

Como na Indonésia, as primeiras expressões do impulso escrituralista eram experimentais e não claramente diferenciadas da tendência geral da prática estabelecida. Os sultões colecionavam à sua volta tanto anti-sufis como sufis, antilegalistas como legalistas, antireformistas como reformistas, jogando uns contra os outros e tentando mantê-los centrados em sua própria pessoa como Primeiro Muçulmano do país. Entre o povo em geral, a disseminação das escolas religiosas organizadas foi uma vez mais a principal agência da penetração dos defensores das escrituras; só que, aqui, os mestres de tais escolas não eram peregrinos que haviam retornado, mas simples professorezinhos chamados *talebs*, formados em Marrakech, Rabat, Tetuan ou em Fez. Sua atividade principal consistia em ensinar crianças a recitar e copiar o Alcorão e tentar adestrar as mais velhas e mais brilhantes nos rudimentos da lei islâmica. Escassamente sustentados por fundações pias e contribuições dos pais dos alunos, esses "porteiros do Alcorão", como os franceses os chamavam, viviam a existência medíocre e solitária dos preceptores medievais que andavam de cidade em cidade. A maioria deles era constituída por exilados sem terra, obrigados pela pobreza a ganhar seu sustento como especialistas em religião, assim como os filhos mais jovens dos camponeses eram outrora incorporados ao baixo clero na Europa. Pregando sua mensagem em todos os lugares, de cubículos urbanos a tendas tribais, mudando-se muitas vezes depois de três ou quatro anos de um acampamento, aldeia ou cidade para outro, eram ao mesmo tempo formalmente respeitados pelos saberes e informalmente desprezados pela pobreza. A maioria deles sabia pouco, e muito do que sabiam era errado. Traficavam amuletos e chafurdavam em feitiçaria. Mas, no decorrer do século XIX, espalharam-se em boa parte do país e ensinaram milhares de marroquinos comuns a ler um pouco de árabe, a realizar certos rituais e acima de tudo a considerar o Alcorão não apenas como um fetiche irradiador de *baraka*, mas um corpo de preceitos a serem memorizados, entendidos e obedecidos.

Como era de se esperar, havia mais memorização do que compreensão, e mais compreensão do que obediência. Mas as bases para o purismo salafi estavam pelo menos preparadas. Pelo menos estavam preparadas as bases do nacionalismo, através do purismo salafi. Tanto na Indonésia como no Marrocos, o prólogo ao nacionalismo coincidiu com o epílogo do "escrituralismo". As primeiras organizações nacionalistas de massa — islã Sarekat (União Islâmica) de 1912, na Indonésia, e Kutlat al-'Amal al-Watani (Bloco de Ação Nacional) de 1930, no Marrocos — foram produtos imediatos do movimento dos seguidores das escrituras, expressões do impulso à purificação religiosa e também à afirmação política. Em realidade, os dois estavam tão misturados que se tornavam indistinguíveis. Mas a aliança não durou, a fusão foi provisória. E no fim, isto é, depois da independência, os defensores das escrituras se encontravam politicamente deserdados, cada vez mais isolados da máquina do poder do Estado então em rápida expansão. A estratégia de abarcar o século XX reencarnando o século VII acabou por não funcionar muito bem. Homens cujos compromissos religiosos eram mais tradicionais e cujos compromissos políticos estavam menos de acordo com a tradição vieram a dominar os movimentos nacionalistas, e quando estes finalmente triunfaram, também passaram a dominar as nações criadas por esses movimentos.

Entender a história em termos de personalidades, especialmente personalidades dramáticas, é sempre perigoso; não é a *virtus* que move a sociedade. Mas não se pode negar que a história desses dois países desde o final da década de 1920 até o início da de 1960, essas três ou quatro décadas em que quase tudo o que poderia acontecer de fato aconteceu, está inextricavelmente mesclada às carreiras de Sukarno, de um lado, e de Mohamed V, de outro. Se eles não fizeram a história inteira de seus tempos — e fizeram boa parte dela —, certamente a encarnaram. Como Kalidjaga e Lyusi eles resumem muito mais do que o que foram de fato.

E o que eles resumem não é tão diferente do que resumiram as figuras clássicas, como poderíamos supor a partir das situações históricas radicalmente diferentes em que atuaram (e, portanto, os resultados radicalmente diferentes a que chegaram). Sukarno e Mohamed V enfrentaram uma transição política, econômica e cultural mais vasta e mais drástica do que aquelas que sucederam os colapsos de Madjapahit e da Alta Barbaria; mas enfrentaram-na num estilo bastante conhecido. Com Sukarno, o Estado-teatro retornou à Indonésia; e com Mohamed V, o parentesco marabútico voltou ao Marrocos.

É que o impacto dessas duas personalidades formidáveis foi exercido em grande parte por meio dos mais elevados papéis políticos que vieram a ocupar: respectivamente, a presidência da Indonésia e o sultanato do Marrocos. A presidência era na verdade uma instituição recém-criada, de fato erigida por Sukarno quase sozinho, enquanto o sultanato era uma instituição venerável quando Mohamed V chegou a ela, como 22º soberano alavita. E, no entanto, como no caso da duração dos períodos coloniais, as diferenças não são tão grandes assim. Mohamed V, com seu modo silencioso, tenaz e suavemente recalcitrante, fez do sultanato uma coisa radicalmente nova. Peça de museu quando os "protetores" franceses o concederam a ele em 1927, seu impacto sobre Mohamed V não foi maior que o dele sobre o sultanato; e quando veio a falecer em 1961 deixou-o como um posto redivivo e transformado. De outro lado, há algo em relação à concepção da presidência de Sukarno, como várias pessoas observaram, muito semelhante ao reino de Mataram. Não é tão fácil como parece dizer qual dos dois é um chefe de Executivo e qual deles é um monarca. Na verdade, nenhum dos papéis era simplesmente novo ou simplesmente antigo, nenhum dos homens simplesmente revolucionário ou simplesmente tradicional. Eram como aquelas imagens enganadoras que eu via na infância; à primeira vista, mostravam um velho careca, enrugado, com longas barbas e olhar pensativo; de ponta-cabeça, mostravam um jovem imberbe, de olhos redondos, cabeleira revolta e sorriso inexpressivo. Os estados a que esses papéis e esses homens correspondiam também eram assim; o que em parte explica por que os relatos sobre sua natureza tendem a ser tão contraditórios.

A monarquia marroquina, para começar, não é apenas a instituição-chave do sistema político marroquino, o que naturalmente seria de se esperar. Ela é também, como sugeri no último capítulo, a instituição-chave do sistema religioso marroquino, o que é talvez um pouco mais surpreendente, pelo menos em meados do século XX. Não só isso, mas, mesmo dentro do mundo islâmico, onde estamos acostumados a ter alguma dificuldade para separar o que é de César e o que é de Deus, a monarquia marroquina é uma instituição peculiar de uma maneira diferente.

No plano mais fundamental, essa peculiaridade deriva do fato de que a monarquia combina dentro de si aquelas que são provavelmente as duas principais tradições da legitimidade política no islã, tradições que superficialmente pareceriam, como o direito divino dos reis e a doutrina da vontade geral (com que de fato guardam uma semelhança distante), radical e inconciliavelmente opostas. E o foram na maioria dos lugares; mas no Marrocos, onde o talento para forçar a união de coisas inconciliáveis é bastante desenvolvido, elas se fundem, se não num todo perfeito, pelo menos numa instituição integrada que até aqui vem se provando eficaz na contenção de suas próprias contradições internas — e até mesmo em capitalizar essas contradições.

As duas tradições, ou conceitos, de legitimidade são aquelas que W. Montgomery Watt, o islamista de Edimburgo, chama de "autocrática" e "constitucionalista". Mas o que está envolvido aí não são tirania e democracia, ou mesmo arbitrariedade e legalidade, mas se a autoridade emana de um indivíduo carismático ou de uma comunidade carismática. Acho os termos equívocos e utilizarei em seu lugar "intrínseca" e "contratual". Como diz Watt, a pergunta crítica é: o direito de governar é visto como propriedade orgânica magicamente presente na pessoa do governante? Ou é a ele conferido, de maneira oculta e complicada, pela população que governa. No Marrocos a resposta a essa pergunta é: "As duas coisas."

A teoria "intrínseca" da legitimidade, a que vê a autoridade como inerente ao governante enquanto tal, se origina, na opinião de Watt, na noção *shia* de um líder sagrado, o imã; a teoria "contratual" se origina no conceito sunita de uma comunidade sagrada, a *umma*. A idéia do imã deriva, é claro, do reconhecimento xiita e rejeição sunita a respeito da reivindicação de Ali, genro de Maomé, e seus descendentes sobre um direito herdado e hereditário ao califado, liderança espiritual da sociedade islâmica. A idéia da *umma* decorre da insistência dos juristas sunitas na submissão a uma interpretação padronizada do rito e da doutrina — a interpretação deles — como traço definidor do pertencimento à comunidade de Maomé, submissão válida tanto para reis quanto para pastores. Os problemas históricos, jurídicos e teológicos que surgem são muito complicados e envolvem séries de correntes e contracorrentes dentro do islã tradicional. Mas não são críticos para nossa discussão. O crítico é que, sob a dinastia dos Alavitas, o sultanato marroquino reuniu o que em outras partes do mundo muçulmano eram princípios antitéticos da organização política e religiosa: o princípio de que o governante governa porque é sobrenaturalmente qualificado para tal; e o princípio de que o governante governa porque os porta-vozes competentes da comunidade concordaram coletivamente com isso.

A dimensão "intrínseca" do papel do sultão derivava, como já expliquei, da descendência do Profeta e especialmente do fato de que era parente próximo, em geral filho, ocasionalmente irmão, do sultão anterior, cuja *baraka* ele herdava. As dimensões "contratuais" derivavam, por sua vez, de uma antiga instituição sunita *baia* (*bai'a*), da raiz "vender", significando um negócio ou transação comercial e, por extensão, "acordo", "arranjo" ou "deferência". Até 1962, quando Mohamed V a introduziu, não havia regra de primogenitura no Marrocos; e, na verdade, à parte o requisito de que o sultão pertencesse à casa governante, não havia qualquer regra clara de sucessão. Na realidade, a maioria dos sultões era escolhida por seu predecessor ou pela facção em torno do trono dentre os elegíveis. Mas a escolha formal, a real investidura, era feita por um congresso de líderes religiosos, a ulemá (*'ulema*), sediada em Fez e ratificada por encontros semelhantes de notáveis e eruditos nas outras cidades importantes. Não precisamos discutir aqui quanto disso era forma e quanto era substância. O importante é que a *baia* em certo sentido confirmava a legitimidade do sultão: sobre seu carisma pessoal depositava o carisma da comunidade.

Essa dupla base de legitimidade levou, por sua vez, a uma dupla percepção da natureza do sultanato no seio da população (ou talvez fosse mais apropriado dizer que foi resultado dessa percepção). De um lado, o sultão era o principal marabu do país, o primeiro santo; sua autoridade era espiritual. Do outro, era o líder devidamente escolhido da comunidade islâmica, seu chefe oficialmente nomeado; sua autoridade era política. E mais ainda, esses dois conceitos do que era o sultão não se difundiam da mesma forma pela sociedade: sua sacralidade era universalmente reconhecida, ou quase, mas sua soberania definitivamente não o era. Ele reinava em toda parte, mas governava só em algumas delas.

Na língua marroquina essa distinção era expressa em termos do célebre contraste — talvez célebre demais — entre a "terra do governo" e a "terra da dissidência" — *blad l-makhzen* e *blad s-siba*. Em palavras mais simples, a terra do governo incluía as regiões, em geral cidades e aldeias das planícies dos Atlas, onde a população legalmente consentira, através da *baia*, na delegação dos supremos poderes governamentais ao sultão e, além dele, à sua equipe, o *makhzen*. Nessas regiões havia, por indicação real, governadores, chefes distritais, inspetores de mercado, juizes corânicos, bem como impostos reais, soldados reais, justiça real e domínios reais. Na terra da dissidência — principalmente montanhas, desertos e áreas de estepe periféricas — não houve essas *baias*, nem tais governadores, chefes ou juízes, mas organizações tribais e um maior ou menor respeito pela pessoa do sultão como chefe religioso do país, o imã. Foi a essa antiga instituição, ainda mais deformada por sua adaptação aos propósitos coloniais, que, na tenra idade de 17 anos, Mohamed V foi repentinamente elevado pelos franceses. Recebeu sua *baia* ao som da "Marsellaise" precisamente quando, a alguns quilômetros dali, "escrituralismo" e nacionalismo começavam a forjar sua incerta aliança.

Enfraquecido, em realidade devastado por sua sujeição à dominação francesa, o sultanato continuava a ser o coração do sistema político e religioso do Marrocos: o prêmio pelo qual lutavam duramente nacionalistas, seguidores das escrituras, marxistas, tradicionalistas, franceses e até, para surpresa dos que o consideravam um jovem mimado e fútil, o próprio sultão. Não há provavelmente outra colônia liberta onde a luta pela independência tenha se centrado na captura, revitalização e renovação de uma instituição tradicional. As fases decisivas do nacionalismo no Marrocos (aproximadamente de 1930 a 1960) podem ser descritas quase como uma competição entre os defensores das escrituras e o sultão (e, é claro, entre ambos e os franceses) pelo sultanato, pelo direito de defini-lo, ou melhor, redefini-lo — competição que o sultão, não de todo por seus próprios feitos, venceu de maneira definitiva. Se a revolução marroquina tivesse um slogan em vez do banal "liberdade!" (*istiqlal!*), talvez ele tivesse de ser: "O sultanato morreu; longa vida ao sultanato!".

O eixo da luta entre — se assim posso chamá-los — o nacionalismo dos seguidores das escrituras e o nacionalismo realista era outra vez a ênfase relativa a ser dada aos aspectos "intrínseco" e "contratual" do sultanato. Antes do século XX, a investidura comunitária do sultão era certamente mais um reconhecimento do que um fato, um ato de deferência, mais do que um pacto. Porém, com o crescimento do "escrituralismo", a noção de contrato começou, como tantas outras coisas consideradas verdadeiramente islâmicas, a ser tomada de maneira mais literal; a noção de carisma dinástico, como tantas outras vistas como heresias locais, começou a ser abertamente atacada. Os eventos pelos quais se manifestou o embate entre os partidários de uma monarquia representativa e os de uma monarquia marabútica são numerosos e complexos, mas dois deles definem o curso geral do processo: a proclamação, em nome do sultão, do decreto berbere de 1930; e a deposição, exílio e retorno do sultão entre 1953 e 1955.

O decreto berbere foi uma tentativa que os franceses fizeram para fortalecer a distinção entre a terra do governo e a terra da dissidência e para pôr esta última sob controle francês direto, não mediado pelo sultanato nem mesmo em seus aspectos puramente religiosos. Concretamente afastava os berberes — a maioria dos quais vivia em regiões periféricas — da submissão à *sharia*, a lei islâmica, colocando-os em lugar disso sob suas próprias cortes. Até certo ponto isso meramente legalizava certo estado de coisas. Mas também sugeria, como de resto era a pretensão, que os berberes não eram "realmente" muçulmanos, que a lei corânica não penetrara muito profundamente em muitas das regiões mais remotas do país também que não se devia permitir que isso acontecesse; e que o sultão não era de fato o chefe espiritual do país inteiro. Pareceria difícil implementar uma política capaz de ameaçar ao mesmo tempo adeptos dos marabus, seguidores das escrituras, realistas e nacionalistas, fazendo-os cair nos braços uns dos outros; mas com o decreto berbere os franceses conseguiram tal proesa. "Foi", como disse Charles-Andre Julien, "mais que um crime jurídico, foi um erro político."

Como foi grande o erro, isso logo ficou claro. Os pequenos grupos de intelectuais nacionalistas em Fez e Rabat foram repentinamente presenteados com a causa que esperavam e, reunindo-se sob a liderança do fanático seguidor das escrituras Allal Al-Fassi, lançaram em nome de um islã insultado o primeiro movimento de massas pela independência — o já mencionado Bloco de Ação Nacional. Demonstrações populares irromperam nas principais cidades; orações públicas invocando a condenação divina dos franceses foram realizadas por todo o país; Al-Fassi e companheiros discursaram diante de grandes massas nas principais mesquitas. O debate alimentado pelo movimento pan-islâmico ultrapassou as fronteiras do Marrocos, e foram organizados comitês para permitir o acesso dos berberes ao islã no Egito, na Índia e — única conexão histórica direta entre os dois países que fui capaz de descobrir — Java. Este foi o ponto alto do nacionalismo dos defensores das escrituras, seu clímax. Se o Marrocos tivesse ficado independente na década de 1930, o que é uma clara impossibilidade, ele o teria feito sem dúvida contra a monarquia, e Al-Fassi teria sido sem dúvida o Sukarno, o Nkrumah ou o Houphouet do Marrocos. Como na realidade tornou-se independente em 1956, fê-lo por intermédio da monarquia, e Al-Fassi não passou de mais um político presente.

O acentuado aumento da importância do sultão dentro do movimento nacionalista, e a relação cada vez mais difícil que essa importância produziu entre o sultão e os seguidores das escrituras, podem ser acompanhados durante as décadas de 1930 e 1940, à medida que a agitação política tendia a centrar-se cada vez mais na personalidade emergente de Mohamed V e cada vez menos na restauração do islã primordial. Mas foi sua deposição, e exílio, pelos franceses, em agosto de 1953, precipitada por sua recusa de assinar outros decretos pré-fabricados, que lhe asseguraram a liderança absoluta. Quando pouco mais de dois anos depois retornou para chefiar um Marrocos independente, ele era algo que nenhum sultão alavita, por poderoso que fosse, havia sido antes, um autêntico herói popular. As inscrições que apareciam nos estandartes das primeiras demonstrações nacionalistas — "Longa vida ao islã!", "Longa vida ao Marrocos!", "Longa vida ao Sultão!" — trocaram eficazmente de ordem. O governo francês tinha produzido o que por si mesma a dinastia certamente não teria sido capaz de criar — um rei marabútico.

A grande peculiaridade desse estado de coisas merece destaque. Duvido que haja qualquer nova nação, se o Marrocos for realmente uma nova nação, em que o líder-herói da revolução e da independência estivesse tão imbuído de uma autoridade *religiosa* que estava acima da política como Mohamed V no Marrocos de 1956. Se Gandhi tivesse sido escolhido primeiro-ministro da Índia, em vez de Nehru, talvez tivéssemos um caso comparável, embora o conteúdo das convicções políticas e religiosas dos dois fosse radicalmente diferente. É sempre difícil ter segurança sobre essas coisas no que diz respeito aos poderosos, mas Mohamed V parece realmente ter sido um homem de genuína e profunda devoção, uma devoção mais de acordo com o personalismo do estilo clássico do que com a dialética do e "escrituralismo". Hannah Arendt observou que o surpreendente no papado de João XXIII foi que um cristão finalmente se tornara papa. De maneira semelhante, o surpreendente nos curtos cinco anos de reinado de Mohamed V como soberano independente foi que um muçulmano finalmente chegasse a sultão.

A tensão interna entre o homem forte e o santo não foi resolvida, porém. Ela é insolúvel. Na realidade, dada a vontade de ser moderno a que nenhum novo Estado escapa, a tensão era ainda maior. Ao tirar o véu das filhas e ocultar as esposas, ao usar roupas ocidentais em casa e roupas árabes em público, ao racionalizar a burocracia governamental e ressuscitar os procedimentos tradicionais da corte, Mohamed V foi um exemplo perfeito da disjunção radical entre as formas da vida religiosa e a substância da vida secular que mencionei no primeiro capítulo como característica do islã marroquino de hoje. Mohamed V não viveu o suficiente para ver se sua deliberada separação entre espiritual e prático podia ser duradoura em altitudes tão rarefeitas. Sua morte — repentina, prematura e marcada por uma das maiores demonstrações coletivas de luto a que o mundo jamais assistiu — simplesmente assegurou sua santidade. Acidentes à parte (a última coisa a ser deixada à parte em se tratando do Terceiro Mundo), seu mito presidirá o destino do Marrocos durante algum tempo. E com esse mito — assombrando os que o seguem — reinará a imagem de um homem que, dividindo sua vida em esferas isoladas, conseguiu ser ao mesmo tempo um *homme fétiche* e um político habilidoso.

A história de Sukarno é ao mesmo tempo mais simples e mais complicada. Filho de um mestre-escola javanês, e portanto membro da baixa nobreza, não havia papel social para ele. Cortes javanesas ainda existiam em Jogjacarta e Suracarta, resíduos da velha Mataram; mas não tinham qualquer função política, nem perspectiva de vir a tê-las. Desde o começo de sua carreira até o que parecia ser o fim dela, Sukarno foi forçado a criar as instituições de que precisava. Foi um amador, um arrivista, eclético, autodidata. Tocava de ouvido.

Revolucionário nato, sua vida se lê como um dossiê do serviço secreto. 1916: mora na casa de H.O.S. Tjokroaminoto, fundador da União Islâmica, primeira organização nacionalista de massa, a que se filiou. 1925: funda em Bandung, onde ostensivamente estuda engenharia civil, um clube político estudantil. 1927: transforma o clube no Partido Nacionalista da Indonésia e se torna seu chefe. 1929: preso pelos holandeses por atividades políticas, é submetido a julgamento público e condenado a dois anos. 1932: posto em liberdade, é eleito chefe do Partido Nacionalista, agora com novo nome. 1933: preso novamente, exilado sem julgamento em Flores. 1942: liberto pelas forças japonesas de ocupação, encabeça uma série de organizações de massa. 1945: proclama, com Mohamad Hatta, a Declaração da Independência da Indonésia, assume a liderança da República Revolucionária e da guerra contra os holandeses. 1949: torna-se o primeiro presidente da Indonésia independente. 1960: dissolve o Parlamento, bane os partidos de oposição e monta uma autocracia presidencial. 1967: destituído de fato mas não oficialmente da chefia do Estado por golpe militar, retira-se para aguardar a morte ou outra volta da roda da fortuna. Cinqüenta anos de agitação, conspiração, inventividade e manobras; uma vida de excitação incessante. "Estou preso em nostalgia espiritual pelo romantismo da revolução", declara em 1960, ao "enterrar" o que chama de "liberalismo" e "democracia burguesa". "Sou inspirado por ele. Sou fascinado por ele. Sou inteiramente absorvido por ele. Estou enlouquecido, estou obcecado pelo romantismo da revolução."

Como a maior parte das manias, os sintomas apareceram lentamente, mas a predisposição estava presente desde o começo. Desde os dias na casa de Tjokroaminoto, onde os futuros líderes de todas as facções do movimento nacionalista — defensores das escrituras, tradicionalistas, assimilacionistas, marxistas — se encontravam para discutir princípios e táticas, passando pelas lutas doutrinárias internas da revolução, até a criação desesperada do slogan da "democracia dirigida", Sukarno se moveu numa curva ascendente de entusiasmo ideológico. Suas habilidades enormes eram todas elas retóricas, mesmo aquelas não explicitadas em palavras. Enquanto Mohamed V se movia em silêncio, até mesmo de maneira tímida, para afirmar a força inerente a uma instituição estabelecida, ele se movia abertamente, e nunca em silêncio, para atrair a imaginação de um povo que pensava já ter visto o último dos reis.

O caráter intensamente intelectualizado do nacionalismo indonésio — sua extrema confiança no que Herbert Feith chamou de manipulação de símbolos — foi muitas vezes notado, mas, penso eu, não muito bem compreendido. Sukarno não tinha um trono para herdar, nem possuía uma ampla organização partidária, como Nkrumah em Ghana, nem serviço público moderno, como Nehru na Índia, nem um exército populista, como Nasser no Egito. Ele nem mesmo tinha a burguesia nativa a partir da qual Quezon se fortaleceu nas Filipinas, nem o orgulho tribal sobre o qual Kenyatta trabalhou no Quênia. Ele tinha só a ideologia e aqueles homens mais atraídos pela ideologia — a *intelligentsia*. O papel do intelectual, essa figura pouco confiável que Real de Curban definiu como um homem com mais latim do que propriedades (embora aqui a língua fosse o holandês), foi tão grande no nacionalismo indonésio como em qualquer outro novo Estado, com exceção talvez da Argélia. As terríveis simplificações de Burkhardt encontraram seu *Erewhon* na Indonésia, e foi Sukarno, com mais vidas que um gato e mais audácia que um ladrão, quem, em cada conjuntura virtualmente crucial, lhes forneceu as simplificações necessárias.

Simplificar simplificações não é tarefa atraente. Mas houve, no progresso de Sukarno e da Indonésia em direção ao que ele mesmo chamou de *mithos*, três fases ideológicas principais: a primeira em torno da agitação do período colonial; a segunda durante a revolução; e a terceira na fase da autocracia presidencial. Como fases, e uma nascendo a partir da outra, a última não substitui a anterior, mas simplesmente englobam-na num complexo de símbolos em expansão. Todas marcam contudo etapas razoavelmente distintas no avanço para a recriação do Estado-teatro, o renascimento, diante dos tipos de purismo "escrituralista e marxista", de uma política exemplar.

A fase do período colonial consistiu na tentativa de livrar-se do "escrituralismo" e do marxismo e forjar um credo "genuinamente indonésio". Depois que a União Islâmica se dividiu em 1921 nas alas "escrituralista" e marxista — a última evoluiu em seguida para o Partido Comunista Indonésio —, Sukarno tentou, com a criação do Partido Nacionalista, estabelecer esse credo. Chamado de "marhaenismo", numa homenagem a um camponês pobre que Sukarno dizia ter encontrado e com quem declarava ter conversado um dia quando caminhava por plantações de arroz no final da década de 1920, baseava-se numa distinção entre o pequeno camponês, o vendedor de feira, o artesão, o carroceiro etc. que possuem sua própria terra, ferramentas, cavalo, ou o que seja, isto é, que são proprietários, ainda que empobrecidos, e o verdadeiro proletário no sentido marxista, que vende sua força de trabalho sem possuir os meios de produção. A Indonésia era uma sociedade de homens como o camponês Marhaen; o colonialismo, como ele disse na famosa defesa perante a corte de Bandung em 1929, tornara pequenas todas as coisas e todas as pessoas — o lavrador, o trabalhador, o comerciante, o funcionário, todos passaram a ter a "marca da pequenez". Como doutrina, o marhaenismo era um simples populismo primitivo, uma mística da ação de massas, e nunca se tornou mais do que isso. Mas com ele Sukarno se livrou, como disse uma vez, da necessidade de esperar a salvação trazida por um avião de Moscou ou por um califa de Istambul.

Mas havia outros à espera, e no tempo da revolução a disputa entre os principais campos políticos — islamitas, marxistas e populistas — era extraordinariamente intensa. A invenção seguinte de Sukarno foi, portanto, uma tentativa de síntese. Nos chamados Pantjasila (Os cinco pontos), formulados pela primeira vez em 1945 como credo para a República que se avizinhava, procurou-se lançar os fundamentos da unidade revolucionária, restaurando o tipo de equilíbrio espiritual de poder que os fatos dos últimos 100 anos, especialmente dos últimos 20, destruíra. Nos cinco pontos — nacionalismo, humanitarismo, democracia, justiça social e crença em Deus — havia alguma coisa para cada um, e essa coisa era adequadamente distribuída. Pelo menos Sukarno esperava que houvesse. Pois ele via a si mesmo como exemplar dessa espécie de integração eclética num microcosmo ideológico: "Sou um seguidor de Karl Marx", anunciara num discurso, "mas por outro lado sou também um homem religioso e portanto capaz de abranger todas as variantes, do marxismo ao teísmo. ... Conheço todas as tendências e as compreendo. ... Fiz de mim mesmo o ponto de encontro de todas as tendências e ideologias. Eu as misturei, misturei e misturei até que finalmente se tornaram o Sukarno atual."

Como se sabe, as coisas não se deram assim na sociedade como um todo; o mundo em volta não se conformou automaticamente à imagem do líder exemplar. Em 1957 e até antes disso o contraste entre o cosmo retratado na Pantjasila e encarnado em Sukarno e o caos instaurado na vida cotidiana era suficientemente grande para ser notado até pelo cortesão mais encantado. O terceiro dos dispositivos ideológicos mobilizados por Sukarno, aquele que, ao falhar, o destruiu, consistiu numa tentativa de combinar as duas forças, não pela mudança do ideal, que era sagrado, nem pela sua imposição, que estava além das forças dele, mas pela reformulação (*re-shaping* a palavra, usada em inglês, é do próprio Sukarno) das instituições políticas e, com elas, da moralidade política do governo nacional. Chamou a isso de "democracia dirigida", mas o que criou ou tentou criar foi uma versão moderna do Estado-teatro, um Estado de cujas festas, mitos, celebridades e monumentos, o pequeno camponês ou ambulante, o sofrido Marhaen, pudessem derivar uma visão da grandeza da nação e tentar realizá-la.

Não é necessário descrever em detalhes os ingredientes dessa ascensão da política exemplar — a construção da maior mesquita do mundo, de um colossal estádio esportivo e de um monumento nacional maior que a Torre Eiffel, projetado para durar mil anos; o cerimonialismo circense dos Jogos Asiáticos, os Novos Movimentos da Vida, as cruzadas da Nova Guiné e os confrontos malaios, o labirinto kafkiano dos conselhos supremos, comitês de planejamento, gabinetes de 40 membros e assembléias consultivas temporárias, encimadas por uma presidência vitalícia. Tudo isso, junto com uma enchente de acrônimos, slogans, divisas e proclamações, foi discutido longamente, embora nem sempre com a mesma profundidade, na literatura recente sobre a Indonésia. A questão importante no que nos diz respeito é que, desde 1960, a doutrina de que o bem-estar de um país deriva da excelência de seu capital, a excelência de seu capital, do brilho de sua elite, e o brilho de sua elite, da espiritualidade de seu governante ressurgiu com plena força na Indonésia.

Mas é necessário ser claro. O novo exemplarismo não surgiu do inconsciente coletivo da Indonésia, não foi um retorno do culturalmente reprimido. Sukarno, menos plebeu do que ele mesmo imaginava e menos radical do que soava, era tanto herdeiro histórico da tradição hinduísta quanto Mohamed V era o herdeiro do sultanato xerifiano. Essa tradição fora mantida, como expliquei acima, pela nobreza burocratizada do período colonial. E foi dessa classe — ou mais precisamente de sua base inferior revolucionária — que Sukarno emergiu e à qual, a despeito de todos seus ataques ao "feudalismo", ele nunca deixou de pertencer, e cujo nome nunca deixou de falar. Seu estilo religioso era o seu próprio estilo; e também o eram, reajustados às condições modernas e sem a submissão colonial, seus ideais. À sua maneira expansiva e mundana, uma vez disse a Louis Fischer que era simultaneamente cristão, muçulmano e hinduísta. Mas eram as histórias do *Ramayana* e do *Mahabharata* que ele sabia de cor, e não a Bíblia ou o Alcorão; e era privadamente, e não em igrejas ou mesquitas, que procurava orientação divina. Sukarno também teve seu momento à beira do rio, e se acreditarmos em sua versão, que faz todo sentido, o que ali lhe aconteceu foi mais ou menos o mesmo que imaginamos ter acontecido a Kalidjaga em Djapara:

> Quando lembro os quatro anos de minha vida em Flores, como, sentado na praia ao pôr-do-sol, ... escutava o bramido selvagem das ondas, sentado sozinho, perdido em pensamentos naquela praia de Flores, escutava o mar cantando uma canção para Deus Todo-Poderoso: "Ó Deus, meu Senhor, deste a nosso povo tal beleza." Quando lembro que em Bengkulu [cidade no sudoeste de Sumatra onde ele foi confinado depois de Flores] costumava deixar a cidade e entrar na selva; a brisa passava suavemente pelas árvores, as folhas caíam. Aquele vento ... sussurrando na floresta, aquele vento, a meus ouvidos, cantava preces, as preces da Indonésia ao Todo-Poderoso.

De qualquer modo, os líderes heróis acabaram. Mohamed V morreu em 1961, depois de uma cirurgia supostamente de rotina, mas que aparentemente foi algo mais. Após o colapso de sua Mataram de papelão num enorme banho de sangue, Sukarno foi finalmente afastado do poder em março de 1967. São atos difíceis de acompanhar, não só porque os dois foram em sua época figuras tão populares, mas porque comunicavam a seus povos um irresistível senso de esperança, esperança que seus sucessores meio anódinos, Hassan II e o general Suharto, devem de alguma maneira realizar.

É pouco claro qual será o futuro da religião em geral e do islã em particular nesses dois países. O "escrituralismo" continua a ser uma força poderosa em ambos, e no momento em que escrevo parece estar outra vez ganhando terreno. Quer dizer, terreno político, pois a reformulação religiosa está ainda menos em evidência do que estava no período nacionalista. Nada foi feito desde Abduh, nada provavelmente será feito (embora nunca se possa saber), e o "escrituralismo" deve continuar na posição de aplaudir um modernismo cujo próprio progresso solapa sua posição. Ou talvez surja uma reação, e as poderosas forças antimodernas também contidas no "escrituralismo", seu lado fundamentalista, venham para o primeiro plano. Há alguns sinais disso nos dois países, especialmente no Marrocos.

Quanto ao marxismo — quaisquer que sejam as alianças provisórias que possa fazer com a religião, é em última análise uma força secular —, este parece estar recuando em ambos os países. Nunca foi muito forte no Marrocos e está hoje sob intenso ataque. Na Indonésia o golpe e a carnificina que o seguiu, principalmente de simpatizantes (ou suspeitos) comunistas, claramente deteve seu avanço. Em ambos os casos, o recuo provavelmente não será permanente; como força espiritual e também política, o marxismo ainda se fará ouvir nos dois países.

Mas a despeito da morte de Mohamed V e da deposição de Sukarno, os estilos clássicos de que esses dois homens foram portadores e renovadores ainda são as tradições fundamentais. Hassan II, cujo poder depende quase inteiramente da legitimidade do sultanato aos olhos das massas, empenha-se em manter viva a imagem de seu pai como santo monarca, uma fusão do santo e do homem forte; e, com menos sucesso, em misturar sua própria imagem com a do pai. Sem os dons dramáticos de Sukarno, o general Suharto tem inclinações hinduístas e também se ocupa de restabelecer algum equilíbrio espiritual de poder na Indonésia, até para poder governar. E de fato a chamada Nova Ordem na Indonésia já começa mostrar alguns dos traços teatrais ao estilo de Sukarno.

Previsões nesse campo são porém inúteis. O que um estudioso da religião comparada pode em verdade fazer é esboçar os limites gerais dentro dos quais a vida espiritual de um povo mudou, está mudando e, como o futuro é muito diferente do presente, provavelmente continuará a mudar. Como se diz, só Deus sabe precisamente como, dentro desses limites, ela de fato irá mudar.

4

A luta pelo real

Há três ou quatro décadas, naquele intervalo entre as guerras no qual o pensamento ocidental esteve à deriva de maneira tão tortuosa, a antropologia foi assolada por um grande debate relativo ao que se passava na mente dos selvagens. Como na maior parte desses debates, os principais integrantes estavam muito ocupados em falar para poder ouvir com atenção, de tal modo que eles não se entendiam entre si e também se empenhavam em negar proposições que na verdade ninguém formulara. E, como a maioria dos debates, muitos deles terminaram porque as pessoas se cansaram, e não porque tivessem chegado a qualquer conclusão definitiva. Mas, como podemos ver agora, aquilo foi, pelo menos na antropologia, o começo de algo importante: a concepção da cultura humana como algo constituído não tanto de costumes e instituições, mas dos tipos de interpretação que os membros de uma sociedade aplicam à sua experiência, as construções que erigem sobre os acontecimentos pelos quais eles passam; não só como as pessoas se comportam, mas como olham para as coisas.

Quase todos os antropólogos de peso contribuíram para a discussão do que veio a ser infelizmente conhecido como o problema do "pensamento primitivo"; mas talvez os mais significativos — especialmente se "significativo" for tomado como sinônimo da capacidade de enfurecer os outros — tenham sido o etnógrafo polonês Bronislaw Malinowski e o filósofo francês Lucien Lévy-Bruhl. Quer tenha sido essa ou não a intenção deles, os dois vieram a representar as posições extremas no debate: no caso de Malinowski, o pragmatismo primitivo; no de Lévy-Bruhl, o misticismo primitivo. A disputa acabou por se resumir no seguinte: os "selvagens" (como éramos então livres para chamá-los) viam o mundo, de um modo essencialmente afinado com o senso-comum, como um campo de problemas práticos a demandar soluções práticas, ou de um modo essencialmente afetivo, como uma série de encontros a exigir respostas emocionais.

Colocar a questão de uma maneira tão seca é expor sua irrealidade; a conclusão de que a dicotomia é falsa e de que qualquer homem, civilizado ou não, é por vezes prudente e por vezes apaixonado, se apresenta por si mesma. E com o tempo esta foi a conclusão tirada até pelos próprios protagonistas, que ajustaram suas posições. Mas compromissos, mesmo compromissos razoáveis, nem sempre são tão vantajosos na ciência, como na política, e, neste caso, a posição segundo a qual "algo pode ser dito a favor de cada uma das posições" simplesmente levou a um equívoco no atacado.

Pois a pergunta importante levantada pelo debate sobre o "pensamento primitivo" não foi se os selvagens são racionais ou não, nem mesmo se seus processos mentais diferem dos nossos ou não. Eles são e não são; e seus processos mentais ao mesmo tempo diferem e não dos nossos. A pergunta importante que o debate levantou e logo em seguida obscureceu foi: "Quais são as diferenças entre uma orientação de senso comum em relação ao mundo e uma orientação religiosa, e quais são as relações entre elas?". O que foi tomado como uma investigação da "mente selvagem" era em verdade uma investigação sobre as variedades de entendimento humano, das diversas maneiras como os homens, todos os homens, tentam tornar suas vidas inteligíveis, ordenando os eventos separados nos quais estão envolvidos em padrões de experiência conectados.

"Um momento de reflexão é suficiente", escreveu Malinowski na primeira página de sua obra teórica mais importante, *Magic, Science and Religion*, "para mostrar que nenhuma arte ou ofício, por mais primitiva que seja, teria sido inventada ou conservada, nenhuma forma organizada de caça, pesca, construção ou busca de comida poderia ser realizada sem a cuidadosa observação do processo natural e uma firme crença em sua regularidade, sem a capacidade de raciocinar e sem confiança no poder da razão." Um momento de reflexão é de fato suficiente para mostrar isso, fato que nos leva a imaginar se alguma pessoa sensata jamais o terá negado. Mas não é suficiente para demonstrar a proposição que Malinowski considerava um corolário desse truísmo, isto é, que todos os aspectos da atividade humana são governados por esse mesmo princípio de sensível pragmatismo.

Embora cobertos por um verniz de emoção e misticismo, a magia, o mito e o ritual, na visão de Malinowski, são, todas elas, atividades instrumentais na base. A magia, fundada na convicção de que "a esperança não pode fracassar, nem o desejo iludir", apóia a ação em situações nas quais o conhecimento confiável não existe ou é frágil. O selvagem pode estar razoavelmente seguro de que a canoa não vai afundar por má construção, mas não que ela não será destruída, e ele com ela, numa tempestade; e por isso invoca seus feitiços compulsivos contra a tempestade. O mito dá suporte às instituições sociais estabelecidas, provendo-as com um documento quase histórico que as explica e justifica, uma constituição sagrada, por assim dizer. O ritual sustenta o moral geral, especialmente em tempos tensos, afirmando e demonstrando a interdependência entre os homens, a necessidade adaptativa da vida social. Até as práticas de aparência mais sobrenatural são meios de enfrentar problemas muito terra-a-terra: reunir a coragem para lançar-se ao mar num barco aberto; manter a compostura num funeral; reavivar os laços que formam vínculos, as ligações sentimentais entre parentes.

Essa visão não deixa de conter alguma verdade. Ritual, magia e mito sem dúvida são úteis nessas maneiras mundanas, e mais de uma pessoa já foi atraída ou fisgada pela religião, na esperança, nem sempre vã, de melhorar de saúde, mudar de status, aumentar a fortuna. Cleros inteiros foram recrutados desse modo. Mas também há poucas dúvidas de que uma visão estritamente instrumentalista de tais fenômenos acaba reduzindo-os a caricaturas de si mesmos, ao deixar de fora aquilo que mais os distingue de outras formas de viver. Quando Malinowski conclui que a religião tem um imenso valor biológico porque acentua "atitudes mentais práticas", porque revela ao homem "a verdade no sentido mais amplo, *pragmático* do termo", não sabemos se devemos rir ou chorar, ao lembrar os sacrifícios humanos astecas ou a auto-imolação das viúvas indianas.

O que é estranho e instrutivo nisso tudo, porém — e minha intenção ao trazer uma vez mais à tona esses argumentos hoje conhecidos —, é que a concepção deficiente de Malinowski não se origina de uma insensibilidade ao espiritual enquanto tal (ele tinha, de fato, uma apreciação mais aguda da urgência de tais questões do que a maioria dos antropólogos), mas de uma concepção deficiente exatamente daquele aspecto da cultura cuja centralidade ele estava tão determinado a estabelecer: a vida cotidiana do homem no mundo.

Malinowski não estava errado em sua percepção instintiva de que o mundo dos objetos de senso comum e atos práticos, da sabedoria convencional e dos preconceitos, das coisas que todo mundo sabe, dos juízos que todo mundo faz, dos sentimentos que todo mundo tem, é, para tomar de empréstimo a frase de Alfred Schutz, a realidade suprema na experiência humana — suprema no sentido de que constitui o mundo em que estamos mais firmemente enraizados, cuja realidade inerente mal podemos questionar e de cujas pressões e requisitos podemos escapar apenas temporariamente. Onde ele estava errado era em considerar que esse mundo é formado por técnicas de enfrentar a vida, e não por uma maneira — uma delas — de conceber a vida. Pois na base, o senso comum não é tecnologia popular; nem mesmo conhecimento popular: é uma disposição da mente. Em lugar de ser "uma empiria crua, ... um corpo de capacidades práticas e técnicas, regras simples e de arte sem valor teórico", como Malinowski o definia, o senso comum consiste em um corpo de suposições, algumas delas conscientes, mas a maioria simplesmente adotada, sobre o modo como as coisas são — sobre o que é normal e o que não é, o que é razoável e o que não é, o que é real e o que não é.

Desse ponto de vista, um entendimento do que é o senso comum como maneira de olhar a vida (isto é, de vivê-la) é anterior ao entendimento da religião como uma maneira desse olhar, e uma maneira específica. E não porque a religião seja um prolongamento disfarçado do senso comum, como Malinowski a consideraria; mas porque, como a arte, a ciência, a ideologia, o direito ou a história, ela nasce de uma percepção da insuficiência de noções do senso comum com relação à tarefa mesma para a qual elas devem se voltam: dar sentido à experiência. O mundo cotidiano daquilo que todo mundo que tem olhos para ver vê e todo mundo que tem ouvidos para ouvir ouve pode ser de fato supremo: um homem (ou mesmo grandes grupos de homens) pode sobreviver sendo esteticamente insensível, não preocupado com a religião, não equipado para fazer análise científica e ignorante da história; mas não pode carecer completamente de senso comum e ainda sobreviver. Mas, para a maioria das pessoas, de qualquer modo, essa espécie de realismo factual é, como se diz, insuficiente; ela deixa, como também se diz, algo a desejar.

É bem verdade que muitos indivíduos em todas as sociedades nunca chegam muito mais perto de uma disposição histórica da mente do que quando exortam "que os mortos devem enterrar os mortos"; nem de uma disposição científica do que quando afirmam "quem semeia ventos colhe tempestades"; de uma disposição estética do que quando declaram "sei do que gosto"; de uma disposição religiosa do que quando dizem que "Deus protege as crianças, os bêbados e os Estados Unidos da América". Mas é igualmente verdade que para algumas pessoas em toda sociedade (e embora eu não possa demonstrá-lo, provavelmente para todo adulto não retardado em relação a algum aspecto de sua vida), essa abordagem achatada de que "tudo é o que é, e não outra coisa" simplesmente não basta. Algumas pessoas são possuídas pelo fato de que os bons morrem cedo, e os maus prosperam. Outras por uma tempestade no mar ou pela graça de um cervo correndo. Outras, ainda, são absorvidas por questões sobre o que existiu antes do começo e o que virá a existir depois do fim. A despeito das posições de Samuel Butler, este entusiasta do senso comum, saber o que é o que não é constitui o máximo a que toda metafísica pode aspirar.

O que isso significa em termos da análise da cultura é que devemos ver a arte, a história, a filosofia, a ciência, ou, no caso, a religião contra a paisagem de noções de senso comum, para entender como se relacionam com essas noções e as superam, completam e aprofundam. Não só há um movimento de romper as incrustações do senso comum, mas um retorno ao mundo do óbvio e do ordinário, para corrigi-lo e mudá-lo à luz do que se aprendeu, ou do que se pensa ter aprendido, para transcendê-lo. Nossa imagem dos fatos da vida é menos inábil do que parece; ela é modelada e remodelada em termos de empreendimentos culturais especializados que dela derivam e a ultrapassam, reagindo sobre ela, como tantos pensamentos. Há uma dialética entre a religião e o senso comum — como entre a arte, a ciência etc. e o senso comum — que impõe o exame de uma em termos do outro, e vice-versa. A religião deve ser vista contra o panorama da insuficiência — ou, de qualquer modo, da insuficiência sentida — do senso comum como orientação total da vida; e também deve ser vista em termos de seu impacto formador do senso comum, da maneira como, ao questionar o inquestionável, ela forma nossa apreensão do mundo cotidiano "do que existe" e no qual, quaisquer que sejam os tambores que ouvimos ou deixamos de ouvir, todos temos de viver.

Houve, em suma, na antropologia moderna, uma mudança geral na discussão sobre a cultura e, dentro dela, sobre a religião como parte da cultura; foi a mudança de uma preocupação com o pensamento como estado (ou fluxo de estados) mental interior para uma reflexão sobre o pensamento como utilização, pelos indivíduos em sociedade, de veículos públicos, criados historicamente, de raciocínio, percepção, sentimento e compreensão — símbolos no sentido mais amplo do termo. No estudo da religião, essa mudança está começando a alterar toda a visão da experiência religiosa e seu impacto social e psicológico. O foco não está agora nem na vida subjetiva como tal, nem no comportamento exterior, mas nos "sistemas de significação" socialmente disponíveis — crenças, ritos, objetos significativos — em termos dos quais a vida subjetiva é ordenada, e o comportamento exterior, orientado.

Tal abordagem não é introspectiva nem behaviorista: é semântica. Ocupa-se dos padrões de significado coletivamente criados que o indivíduo usa para dar forma à experiência e objetivo à ação, das concepções incorporadas em símbolos e conjuntos de símbolos, e da força orientadora de tais concepções na vida pública e privada. No que diz respeito à religião, a questão se torna problema de um tipo de perspectiva particular, uma maneira específica de interpretar a experiência, um certo modo de estar no mundo que se opõe a outros modos, e as implicações dessa perspectiva para o comportamento. O objetivo do estudo comparativo da religião é (ou de todo modo deveria ser) a caracterização científica dessa perspectiva: a descrição da ampla variedade de formas em que ela aparece; a revelação das forças que dão existência a essas formas, alteram-nas ou destroemnas; e a avaliação de suas influências, também variadas, sobre o comportamento dos homens na vida cotidiana.

Como isolar a perspectiva religiosa? Não caímos mais uma vez na necessidade de definir "religião", de adicionar mais alguma expressão — "crença em seres espirituais", "moralidade tocada de emoção", "fins últimos" — a um catálogo certamente infindável? Não devemos uma vez mais realizar o exercício conhecido de separar "religião" de "superstição", "magia", "filosofia", "costume", "folclore", "mito", "cerimônia"? Não depende todo entendimento, pelo menos todo entendimento científico, desse isolamento inicial, uma preparação de laboratório, por assim dizer, daquilo que estamos tentando entender?

A resposta é não. Podemos principiar no escuro e tentar produzir alguma luz. Podemos iniciar, como comecei neste livro, com um punhado de fenômenos que quase todos, com exceção dos profissionalmente contra, veriam como tendo algo a ver vagamente com "religião" e procurar o que nos faz pensar assim, o que nos leva a pensar que essas coisas um tanto singulares que certas pessoas fazem, em que acreditam, que sentem ou dizem fazem parte de um mesmo conjunto com proximidade suficiente para caber num mesmo nome. Esse é também, admito, um procedimento de definição, mas de tipo mais indutivo, mais comparável com a observação das oblíquas semelhanças na maneira como os dublinenses falam ou os parisienses caminham do que filtrar substâncias puras. Não procuramos uma propriedade universal — o "sagrado" ou a "crença no sobrenatural" — que separa os fenômenos religiosos dos não-religiosos com nitidez cartesiana, mas um sistema de conceitos que possa resumir um conjunto de semelhanças inexatas, mas que são semelhanças genuínas, que sentimos num certo corpo de materiais. Estamos tentando articular um modo de olhar o mundo, e não descrever um objeto incomum.

O centro dessa maneira de olhar o mundo, isto é, da perspectiva religiosa, não é, gostaria de argumentar, a teoria de que além do mundo visível existe um mundo invisível (embora a maioria dos homens religiosos tenha aderido, com variado grau de refinamento, a alguma teoria desse tipo); nem a doutrina de que uma presença divina paira sobre o mundo (embora, numa extraordinária variedade de formas, do animismo ao monoteísmo, essa também tenha sido uma idéia bastante popular); nem mesmo a opinião mais desconfiada de que entre o céu e a terra há coisas que a nossa filosofia não alcança. É antes a convicção de que os valores que temos fundam-se na estrutura mesma da realidade, que entre o modo como devemos viver e a maneira como as coisas são há uma sólida ligação interna. O que os símbolos sagrados fazem por aqueles para os quais são sagrados é formular uma imagem da construção do mundo e um programa para a conduta humana que são mutuamente reflexos.

Na antropologia é comum referir-se à coleção de noções de um povo sobre como as coisas são em seu conjunto como sua visão de mundo. A seu estilo geral de vida, à maneira como fazem as coisas e gostam que elas sejam feitas, chamamos de ethos. É função dos símbolos religiosos, então, ligar essas coisas de tal maneira que elas se confirmem mutuamente. Tais símbolos tornam crível a visão de mundo e tornam justificável o ethos, e fazem isso invocando um em apoio ao outro. A visão de mundo é crível porque sentimos que o ethos, que dela decorre tem autoridade; ele é justificável porque a visão de mundo em que se apóia é considerada verdadeira. Vista de fora da perspectiva religiosa, essa operação que se assemelha a pendurar um quadro num prego fixado em sua própria moldura parece uma espécie de truque de prestidigitador. Vista de dentro, parece um simples fato.

Padrões religiosos como os que venho discutindo têm, assim, um duplo aspecto: são molduras da percepção, telas simbólicas pelas quais a experiência é interpretada; e constituem orientações para a ação, guias de conduta. O iluminacionismo indonésio retrata a realidade como uma hierarquia estética culminando num vazio e projeta um estilo de vida celebrando um equilíbrio mental. O marabutismo marroquino retrata a realidade como um campo de energias em torno de homens individuais e projeta um estilo de vida celebrando a paixão moral. Kalidjaga no Marrocos clássico não seria heróico, mas pouco masculino; Lyusi na Java clássica não seria um santo, mas um rústico.

O lado visão de mundo da perspectiva religiosa centra-se, então, no problema da crença; o lado do ethos, no problema da ação. Como digo, essas duas dimensões são, nos limites da fé, não só inseparáveis, mas reflexos mútuos. Com fins analíticos, contudo, quero separá-las por um momento e, usando os casos indonésio e marroquino como pontos de referência, discuti-las de maneira independente. Feito isto, a relevância desses casos particulares para o entendimento da religião enquanto tal ficará mais clara, como também a utilidade (não reclamarei mais que isso) desta abordagem como um todo para seu estudo comparativo.

A principal característica das crenças religiosas, por oposição a outros tipos de crenças — ideológicas, filosóficas, científicas ou de senso comum — é que são vistas não como conclusões da experiência — da percepção social aprofundada, da especulação e da análise lógica reflexivas, da observação e do teste de hipóteses empíricas ou da matrícula na escola do aprendizado por tropeços —, mas como anteriores a ela. Para os que as têm, as crenças religiosas não são indutivas, mas paradigmáticas; o mundo, parafraseando uma formulação de Alisdair MacIntyre, não fornece evidências de sua verdade, mas ilustrações dessa verdade. Elas são uma luz lançada sobre a vida humana a partir de algum lugar fora dela.

Os cientistas sociais — inclusive os antropólogos — em geral não se sentem confortáveis com essa maneira de formular as coisas, não só porque a maioria deles é formada por pessoas que não crêem (como eu mesmo), mas porque ela parece envolver um afastamento do caminho do empirismo estrito. Mas não há nada de não-empírico (embora haja muito de difícil) em descrever a maneira como a crença religiosa é vista por aquele que crê. De fato, não fazê-lo é fugir da tarefa de levar o empirismo a domínios nos quais, por razões que talvez exijam uma explicação psicanalítica, mais do que metodológica, o pesquisador se sente perdido e ameaçado. É também, e isso é mais importante, deixar de levantar (ou mesmo de reconhecer) algumas das questões científicas mais críticas em todo o campo de estudos, em que uma das perguntas, e não a de menor importância, é: "Como os crentes são capazes de acreditar?". Ou, para correr ainda mais o risco de ser tomado como defensor de algo sobrenatural: "Onde entra a fé?"

Respostas teológicas à parte, é claro que a fé provém da operação social e psicológica dos símbolos religiosos. Usar "religioso" aqui pode parecer uma clamorosa fuga do problema, mas só se imaginarmos cada pessoa chegando a um mundo sem cultura e então tecendo o universo à sua volta a partir da substância de seu eu interior, como a aranha tece a teia a partir de seu abdôme. Este certamente não é o caso: para cada indivíduo dado, e antes do nascimento desse indivíduo, certos atos, objetos, histórias, costumes e assim por diante foram considerados pelos membros de sua sociedade, ou pelo menos por algum deles, como mediando uma visão válida do mundo. Kalidjaga encontrou a tradição iluminacionista de Madjapahit à sua espera quando decidiu abandonar o roubo em favor da santidade; Lyusi tinha a tradição marabútica das dinastias berberes à sua espera quando desceu dos Atlas para tornar-se reformador de sultões. Sukarno e Mohamed V nasceram em circunstâncias culturais ainda mais opulentas. Assim como nenhum homem tem que inventar uma linguagem para poder falar, nenhum homem também tem que inventar uma religião para poder adorar; embora seja verdade que ele tem um número bem maior de opções (particularmente mas não exclusivamente nas sociedades modernas) em relação à adoração do que em relação à linguagem. Mais uma vez as habilidades de senso comum são, em geral, obrigatórias para que alguém floresça, enquanto as habilidades espirituais não o são. Não é preciso ter alma, como uma vez disse Don Marquis, a menos que realmente se queira uma.

O principal contexto, embora não o único, em que os símbolos religiosos operam para criar e sustentar a crença é evidentemente o ritual. São as preces e festas em torno do túmulo dos santos, a exaltação, a leitura de búzios no terreiro da irmandade e a submissão obsessiva em torno do sultanato que mantêm o marabutismo em movimento; a meditação privada, a arte etérea e o cerimonialismo do Estado nutrem o iluminacionismo. Os indivíduos podem, e na Indonésia e no Marrocos alguns o fazem, atingir uma idéia da ordem cósmica fora dessas instituições especificamente dedicadas a inculcar tal idéia (ainda que mesmo nestes casos seja preciso existir o apoio de símbolos culturais de uma forma ou de outra). Para a esmagadora maioria dos que aderem à religião em qualquer população, contudo, o engajamento em alguma forma de tráfico ritualizado com símbolos sagrados é o principal mecanismo por meio do qual eles chegam não só a encontrar uma visão do mundo, mas, na realidade, a adotá-la, internalizá-la como parte de sua personalidade.

As razões pelas quais indivíduos específicos são suscetíveis às operações de símbolos sagrados, por que se envolvem em rituais e por que os rituais têm (ou deixam de ter) efeito — obviamente é outro problema. Parte da resposta é certamente psicológica e tem a ver com necessidades individuais de alimentação, de autoridade externa, ou o que seja, e também com aptidões para a confiança, a afeição e assim por diante. Parte é com certeza social. Sobretudo em sociedades não-industriais, as pressões sociais para a conformidade religiosa são muito grandes, e elas nem são tão fracas em todos os setores das sociedades industriais como muitas vezes se apregoa. No Marrocos e na Indonésia tais pressões continuam muito fortes e, embora em alguns casos levem a uma conformidade meramente superficial, na maioria das vezes levam — é o que sugere minha observação — a uma dose significativa de fé genuína. A idéia de que a imposição da conformidade religiosa pode produzir hipócritas, mas não crentes, está simplesmente errada. É difícil dizer se há mais homens que alcançaram a fé porque isso era esperado deles do que os que a alcançaram por estarem internamente dispostos a isso; ou, talvez, como os dois fatores estão sempre em certa medida envolvidos, a questão careça de sentido. Mas não daria certo adotar uma visão do problema muito voltada para a compulsão interna.

De qualquer modo, além dos fatores sociológicos e psicológicos que impelem os homens para a crença, há também fatores culturais, que nascem, como sugeri, da inadequação sentida em relação às idéias de senso comum diante da complexidade da experiência. Foi a esse reconhecimento de que a vida continuamente ultrapassa as categorias da razão prática que Max Weber chamou de "o problema do significado", e ele é muito conhecido nosso, dada a intensa preocupação ética do Ocidente com o problema do mal: "Por que os justos sofrem e os injustos prosperam?". Mas há muitas outras dimensões, pois os acontecimentos pelos quais passamos sempre ultrapassam a capacidade que nossos conceitos comuns, morais, emocionais e intelectuais têm de construí-los, deixando-nos, como sugere uma imagem javanesa, como um búfalo que ouve uma orquestra. Uma forma de pelo menos tentar aprofundar esses conceitos é complementá-los com as revelações de uma ordem mais ampla fornecida pela religião. Além de todas as outras coisas que o "islã" — marabútico, iluminacionista, "escrituralista" — possa fazer por aqueles capazes de adotá-lo. Ele certamente torna a vida menos exorbitante para a simples razão e menos contrária ao senso comum. Torna familiar o que é estranho, lógico o que é paradoxal, naturaliza o anômalo, dados os caminhos insondáveis de Alá.

Em sociedades como o Marrocos e a Indonésia clássicos, então, fatores culturais, sociais e psicológicos convergiam para impelir os homens a participar dos rituais religiosos estabelecidos e a aceitar as crenças metafísicas implícitas em tais rituais. Nessas sociedades, crer era por assim dizer, fácil, quase tão fácil como falar. Isso todavia não queria dizer que a crença era universal, como muitas vezes se supõe. Havia e há muito ceticismo, geralmente parcial, mas de qualquer modo ceticismo em sociedades tradicionais. A tensão inevitável que permanece entre as emanações do senso comum e a religião, mesmo a mais abrangente, faz com que isso seja assim, da mesma forma que a utilização generalizada do poder fundado na religião para fins pouco elevados. "Cuidado com uma mulher de frente", diz uma máxima marroquina, "uma mula de costas e um marabu de todos os lados." E na Java hinduísta, esse jardim encantado presidido por deuses reais, os camponeses costumavam dizer: "À noite, tudo o que temos pertence aos ladrões; durante o dia, tudo o que temos pertence ao rei." Mas em geral os homens aceitavam a realidade do marabutismo, independentemente do que pensassem a respeito das afirmações sobre o caráter de certos marabus, a divindade do rei, ou o que quer que achassem sobre o comportamento dos soberanos. Cultural, social e psicologicamente, era a coisa natural, de senso comum, a fazer. Mesmo hoje, homens que são não crentes no sentido pleno, e há poucos deles, ainda tendem a ser vistos, tanto no Marrocos como em Java, menos como maus do que como loucos.

Foi essa tranqüilidade religiosa que as mudanças do último século e meio, não só no Marrocos e na Indonésia, mas no mundo em geral, progressivamente solapou. A necessidade interior, a pressão da comunidade e os problemas do significado não mais convergem com tanta força para empurrar o indivíduo em direção ao contato ritualizado com símbolos sagrados. Os símbolos ainda estão lá, é claro; também o estão, em sua maior parte, os rituais, e ainda se considera que estes abrigam verdades espirituais perenes. Mas agora as pessoas acham cada vez mais difícil, por assim dizer, fazê-los funcionar, cada vez mais difícil tirar deles o firme sentido de consonância com o traço mais profundo da realidade que define o espírito religioso.

Como eu disse diversas vezes, esse processo está apenas começando no Marrocos e na Indonésia, embora venha ganhando velocidade. Nos Estados Unidos, onde o comparecimento à igreja atinge novos picos, ao mesmo tempo que a capacidade de internalizar a visão cristã do mundo continua aparentemente a diminuir, ele avançou muito mais. Não é preciso neste momento discutir se o processo, aqui ou em qualquer outro lugar, é irreversível — o que eu duvido — ou se ele deve, no interesse da religião, ser revertido — o que eu duvido ainda mais. O fato é que a perda de capacidade dos símbolos religiosos clássicos para sustentar uma fé propriamente religiosa, exemplificada pela história recente do Marrocos e da Indonésia, é geral. E também é geral, acredito, a principal razão desta perda — a secularização do pensamento; e também a principal resposta a ela — a ideologização da religião.

A secularização do pensamento no mundo moderno teve muitas causas e assumiu várias formas; mas no plano cultural ela é em grande parte resultado do crescimento explosivo de outra perspectiva cultural que atravessa o senso comum e que é ao mesmo tempo sua principal encarnação: a ciência positiva. Em sua forma pura, a difusão do modo científico de ver as coisas em direção aos países do Terceiro Mundo, como o Marrocos e a Indonésia, foi pequena. Mas o conhecimento de que a experiência cotidiana pode ser colocada num contexto mais amplo e mais significativo, pelo recurso a símbolos que retratam a realidade em termos de leis gerais indutivamente estabelecidas, tanto quanto por meio do recurso a símbolos que a retratam em termos de paradigmas fixos revelados, alcança virtualmente todo canto das duas sociedades. Até um século atrás, as crenças religiosas eram os únicos meios disponíveis para vedar as frestas no dique artesanal do senso comum. Hoje até o camponês ou o pastor mais humilde sabe que não é mais assim.

A longa e pouco edificante história da guerra entre a ciência e a religião no Ocidente tendeu a levar, no século XX, à confortável conclusão de que, "na base", elas não estão realmente em conflito, no sentido de que não se podem submeter expressões da fé a testes científicos, nem mostrar a falsidade de leis naturais citando as escrituras. Isto sem dúvida é verdade. Também é verdade que não há razão intrínseca pela qual a visão da realidade gerada pelo tráfico com símbolos científicos, em laboratórios ou onde quer que seja, precisa contradizer a visão dela gerada pelo tráfico com símbolos religiosos, em mesquitas ou onde quer que seja. Claramente ciência e religião não são respostas exatamente do mesmo tipo às inadequações do senso comum. Seus campos de interesse, embora com sobreposições, estão longe de coincidir, e elas não são portanto alternativas simples.

Apesar disso, o fato empírico bruto é que o crescimento da ciência tornou mais difíceis de sustentar quase todas as crenças religiosas, transformando virtualmente algumas delas em algo impossível de manter. Mesmo que não sejam antíteses diretas, há uma tensão natural entre os modos científico e religioso de tentar tornar o mundo compreensível, tensão que não precisa acabar — e que em minha opinião não acabará e talvez nem possa acabar assim — com a destruição de qualquer um deles. Mas é uma tensão real, crônica e cada vez mais acentuada. A menos que a importância dessa "luta pelo real" seja reconhecida, e não deixada de lado com facilidade, a história da religião — seja ela o islã ou qualquer outra — em nossos tempos será ininteligível, pelo menos cientificamente. A guerra entre a ciência e a religião (ela é mais uma sucessão de escaramuças aleatórias, breves e confusas, do que uma guerra de verdade) não acabou; e o mais provável é que nunca acabe.

Em ambas as sociedades, os seguidores das escrituras foram o grupo que sentiu de maneira mais aguda essa tensão entre a progressiva secularização do pensamento no mundo moderno e o essencial da perspectiva religiosa, dando a ela a resposta mais vigorosa. A tendência para uma ênfase exclusiva nas fontes escritas da fé islâmica em detrimento daquelas representadas pela devoção marroquina aos santos ou pela comunhão indonésia, tendência em parte estimulada pelo florescimento da perspectiva científica no Ocidente, tornou mais difícil escapar à tensão. Uma vez mais, o confronto com a maneira científica de ver as coisas foi assumido diretamente apenas pelos líderes mais avançados do movimento, e mesmo aí a internalização dessa maneira de ver as coisas era, na melhor das hipóteses, muito parcial. Mas o simples fato de que, para os seguidores das escrituras, o islã se tornou um conjunto de dogmas explícitos a defender lançou-os em meio à luta pelo real muito antes que os grupos mais tradicionalistas das duas sociedades chegassem a perceber o que estava acontecendo.

A defesa das escrituras foi na verdade a principal agência, em ambas as sociedades, do que chamei, de modo talvez não inteiramente satisfatório, de ideologização da religião, e é com base nisso — mais do que nas contribuições teológicas, que foram secundárias — que seus adeptos merecem ser chamados de inovadores. O que o movimento dos "escrituralistas" alcançou — e, tendo alcançado, afastou-se do centro do palco em favor do nacionalismo e do neotradicionalismo religioso que o acompanhava — foi fornecer ao islã uma política geral em relação ao mundo moderno, uma posição pública a ser assumida num ambiente cultural em que os modos seculares de entendimento (não só a ciência que aqui considerei como representando todo o conjunto da filosofia, historiografia, ética e estética modernas) desempenham o papel central que nas sociedades clássicas fora desempenhado pelos modos religiosos de entendimento. O "escrituralismo" começou, nesses dois países pelo menos — mas suspeito que, adequadamente redefinido para outras culturas e outras crenças, também em outros lugares —, a revolução intelectual cujo ponto culminante foram os conceitos mais explicitamente políticos que acompanharam e seguiram a independência. Os "escrituralistas" ensinaram não só a seus seguidores, mas, de maneira ainda mais importante, a seus opositores, como formular os ideais de uma civilização estabelecida de tal forma que ela pudesse sobreviver durante algum tempo num mundo moderno muito pouco hospitaleiro em relação a esses ideais.

Foram essencialmente duas estratégias, não só nos dois países, mas no movimento em geral, que os seguidores das escrituras desenvolveram em sua luta pelo real: a separação absoluta entre questões religiosas e científicas e a tentativa de mostrar que as escrituras, especialmente o Alcorão, antecipam e estão plenamente de acordo com o espírito e com as descobertas da ciência moderna. A primeira estratégia consiste na negação de qualquer significação metafísica à ciência, na verdade à razão secular em qualquer forma; sua competência está estritamente confinada ao entendimento da natureza, considerada como um tipo de sistema mundano e autocontido. A fé e a razão são separadas por uma espécie de quarentena, para evitar que a primeira seja contaminada, e a segunda acorrentada. A outra estratégia consiste em interpretar a ciência como não mais que uma explicitação daquilo que já estava implicitamente presente na religião, uma extensão e especificação da perspectiva religiosa, mais do que um modo autônomo de pensamento.

Consideradas em conjunto, as duas posições configuram uma espécie de deísmo islâmico: os princípios doutrinários essenciais são protegidos de qualquer tipo de desafio, sendo segregados da experiência humana; enquanto a razão secular é deixada livre para operar com plena soberania no mundo comum, com a confiança de que suas descobertas não podem colocar problemas para a crença religiosa, porque a crença já as continha. "Refletir sobre a essência do Criador [isto é, sobre questões de crença religiosa em geral]", escreveu Abduh, "é vedado ao intelecto humano, por causa da separação entre as duas existências." Por outro lado, contudo, "a exortação do islã à reflexão sobre as coisas criadas não é de nenhuma maneira condicionada ou limitada, por causa do conhecimento de que toda especulação séria leva à crença em Deus tal qual descrito no Alcorão". Ou, na colocação mais sucinta de Kenneth Cragg: "Dogmas considerados inviolados coexistem com liberdades louvadas como plenas."

Como seria de se esperar a esta altura, esses dois lados da resposta "escrituralista" ao desafio colocado pela secularização do pensamento foram representados de maneira diferente nas duas sociedades consideradas. Mas a Indonésia, com sua tendência inerente a tentar absorver todos os estilos de pensamento num fluxo sincrético amplo, foi naturalmente mais receptiva ao argumento de que a doutrina islâmica e a descoberta científica não eram formas de crença conflitantes, mas complementares; enquanto o Marrocos, com sua tendência também inerente ao perfeccionismo religioso e ao rigor moral, foi mais receptivo à tentativa de isolar uma fé islâmica purificada da contaminação com a vida cotidiana. O "escrituralismo", em ambas as sociedades, foi e é uma contratradição em relação ao iluminacionismo e ao marabutismo. Mas seus adeptos são ainda indonésios e marroquinos, e não foram capazes de escapar, mesmo em seu reformismo, ao que chamei de ingenuidade de uma civilização e utopismo da outra. Os "escrituralistas" indonésios procuraram, como o *kijaji* que citei no capítulo anterior, retratar a ciência e, na verdade, o pensamento secular em geral como nada mais que uma expressão do islã, simplesmente uma outra maneira de dizer, talvez mais útil para fins práticos, aquilo que, com maior profundidade, embora não tão explicitamente, o Alcorão já dissera. Os "escrituralistas" marroquinos, por sua vez, procuraram expurgar da vida religiosa o que consideravam superstição, a fim de restaurar um islã hermético, idealizado, e livrar a vida secular de limitações doutrinárias. Num caso, a ciência não é uma ameaça porque é vista como religiosa; no outro, não é uma ameaça porque é encarada como não religiosa.

Com o tipo de ironia que muitas vezes afeta os movimentos reformistas, o que o "escrituralismo" alcançou na construção de uma postura ideológica para o islã foi aplicado com maior eficácia a serviço dos estilos religiosos clássicos contra os quais as reformas eram dirigidas em primeiro lugar. Nascido do "escrituralismo", o nacionalismo se afastou dele em sua busca de raízes espirituais, voltando-se para os padrões de crença mais estabelecidos nos dois países. Mas na reconciliação das visões de mundo projetadas por esses padrões sobre o mundo adotou as estratégias que o "escrituralismo" já desenvolvera para objetivos semelhantes. De fato, levou o processo de ideologização da religião a seus últimos estágios. O renascimento do Estado-teatro, com Sukarno, sob a forma de nacionalismo revolucionário, e o renascimento do marabutismo, com Mohamed V, sob a mesma forma, se apoiaram na produção de uma espécie de religiosidade secular generalizada, no primeiro caso, e numa disjunção radical entre a devoção pessoal e a vida pública, no segundo. Se essas tradições reformadas, tendo sido construídas, poderão persistir, isso vai depender de se o padrão de vida que elas implicam é viável no Estado-nação semimoderno no último quartel do século XX.

Mas isso nos leva ao aspecto de guia para a ação dos símbolos religiosos — à sua influência sobre o comportamento real dos homens.

Quando nos voltamos para a maneira como a crença religiosa exerce seu efeito sobre o comportamento comum, à medida que ela tem esse efeito, surge um problema peculiar, que eu gostaria de abordar de uma forma que pode parecer também singular. A perspectiva religiosa, como a científica, a estética, a histórica e assim por diante, é afinal adotada pelos homens apenas esporadicamente, de maneira intermitente. Na maior parte do tempo os homens, mesmo os padres e os anacoretas, vivem no mundo cotidiano e vêem a experiência em termos práticos, terra-a-terra — é o que devem fazer para sobreviver. Além disso, a principal situação em que se adota a perspectiva religiosa no sentido próprio do termo, como já disse, é o ritual, ou pelo menos algum tipo especial de contexto sociopsicológico diferente do movimento comum da vida, algum tipo distintivo de atividade ou algum tipo particular de disposição. É então que se sente a *baraka*, em lugar de simplesmente discuti-la; que o vazio é penetrado, e não só teorizado; a mensagem do Alcorão é lida, e não só aplaudida. Mesmo os devotos vêem a vida em termos supratemporais apenas em certas ocasiões.

Esse fato tem algumas implicações. A primeira é metodológica e pode ser aqui mencionada antes como um caminho para as outras implicações mais substantivas do que propriamente como uma implicação, embora não seja irrelevante para os argumentos gerais que venho desenvolvendo. Como a percepção religiosa — o emprego real de símbolos sagrados para ativar a fé — tem lugar em situações especiais e em rituais particulares, é claro que fica extremamente difícil obter descrições fenomenologicamente acuradas da experiência religiosa. Quando os antropólogos (ou qualquer outro que faça uma aproximação empírica do assunto) falam às pessoas sobre a religião delas — o que precisamos fazer, independente de quantas observações tenhamos feito ou quantos tratados teológicos tenhamos lido, se quisermos entender alguma coisa —, é quase invariavelmente numa situação tão afastada das propriamente religiosas quanto possível. Falamos com elas em suas casas, ou no dia seguinte a alguma cerimônia, ou, na melhor das hipóteses, quando estão assistindo passivamente a algum ritual. Raramente podemos chegar até elas quando estão realmente envolvidas na devoção.

Há de fato uma contradição na mera suposição a esse respeito: pois falar com um antropólogo, sociólogo ou psicólogo *sobre* nossas experiências religiosas é incompatível com a experiência propriamente dita. Devoção e análise são coisas impossíveis de se fazer ao mesmo tempo, pois uma delas significa estar inteiramente envolvido, preso, absorvido na experiência que se vive, e a outra significa ficar à parte e observar com certo distanciamento.

Suponho que, feita essa observação, ela passa a ser tão óbvia a ponto de parecer trivial. Mas passou despercebida, ou pelo menos não foi discutida no estudo comparativo da religião, embora tenha algumas conseqüências mais sérias para esse estudo do que se poderia imaginar. A mais importante delas é que, mesmo com a maior das boas-vontades do mundo, um informante terá alguma dificuldade para rememorar e reformular o que a religião significa para ele, e em verdade é quase certo que o fará em termos de estereótipos e racionalizações de senso comum que podem ser úteis para entender este mesmo senso comum, mas podem ser positivamente enganadores, se tomados como relatos verídicos do que se passa num ritual, numa narrativa de um mito, numa cura ou seja lá o que for.

Talvez uma forma de deixar mais claro o que estou tentando dizer e o que esta aparente digressão tem a ver com o problema da crença e da ação seja recorrer ao trabalho de Freud sobre os sonhos, em particular seu conceito de "revisão secundária" envolvida no relato que deles se faz. Em verdade, uma das maiores contribuições, talvez *a* maior contribuição de *Interpretação dos sonhos* seja o pleno reconhecimento, por parte de Freud, e seu enfrentamento do mesmíssimo dilema metodológico a que me refiro. O livro inteiro é um monumento à transformação da virtude em uma necessidade — a necessidade de ter acesso muito indireto a nossos dados primários. Pois aquele que sonha também está absorvido em sua experiência enquanto sonha, toma o sonho, apesar de sua selvagem irracionalidade, como profundamente real e só pode narrá-lo depois que acorda. E então, como sabemos, esquecerá partes do sonho, provavelmente a maior parte, e distorcerá e elaborará o resto, na tentativa de "dar-lhe sentido".

A situação nos estudos da religião não é muito diferente. Algumas vezes, como nas experiências indonésias de transe, a pessoa simplesmente não se lembra de nada depois, a menos que uma vaga sensação, que é também uma convicção, de que passou por uma experiência importante possa ser tomada como memória. Outras vezes, após rezar no túmulo de um marabu, digamos, o sujeito pode lembrar alguma coisa, mas acobertá-la a tal ponto sob uma revisão secundária que a maior parte da vitalidade e do real significado da experiência se perde. No que diz respeito a nosso interesse pela perspectiva religiosa, com a interpretação significativa que atribui à experiência, ela é necessariamente vista através de um vidro muito escuro.

Certamente, assim como a interpretação dos sonhos, a análise da religião também não é impossível, especialmente se o problema da revisão secundária for reconhecido e, como em Freud, analisado e enfrentado. Mas isso é um desvio. O que não é um desvio, e em verdade é a chave para o problema de como a religião dá forma ao comportamento social, é que boa parte do efeito prático da religião, como também do sonho, vem em termos de uma espécie de pálido reflexo, lembrança da experiência religiosa propriamente dita em meio à vida cotidiana. Os homens, ou pelo menos os homens religiosos, se movem entre a perspectiva religiosa e a do senso comum com grande freqüência, tanto maior quanto mais são religiosos; e, como um sonho que se repete, uma experiência religiosa repetida — um transe amnésico ou uma oferenda obrigatória — passa com o tempo a assombrar a vida diária e lança uma certa luz indireta sobre ela. Alguns dos efeitos sociais mais importantes da religião (embora não os únicos) vêm por meio desse tipo oblíquo daquilo que chamei anteriormente de reconstrução do senso comum. Atos próximos, cotidianos, passam a ser vistos de maneira vaga e indistinta, quase subliminarmente, em contextos-limite, e a qualidade inteira da vida — seu ethos — é sutilmente alterada. Uma distinção clara entre a experiência da religião e a lembrança dela é, assim, uma importante ferramenta analítica para entender alguns fenômenos que de outra maneira seriam difíceis de compreender. E um desses problemas é o da relação entre crença e ação.

Quando os homens se voltam para a vida cotidiana, eles vêem as coisas em termos cotidianos. Se são religiosos, esses termos serão de alguma maneira influenciados por suas convicções religiosas, pois é da natureza da fé reivindicar a soberania efetiva sobre o comportamento humano. A fusão interna da visão de mundo e do ethos é — pelo menos assim estou argumentando — o coração da perspectiva religiosa, e a tarefa dos símbolos sagrados é provocar essa fusão. E o encontro revelador com esses símbolos não tem lugar no mundo cotidiano do senso comum, mas em contextos sociais que são necessariamente um tanto distantes. Aquilo com que os religiosos têm que trabalhar na vida cotidiana não é a percepção imediata do verdadeiramente real, ou o que tomam como tal, mas sim a memória de tal percepção. Como os filósofos na caverna de Platão, estão de volta a um mundo de sombras que interpretam de modo diferente por terem estado ao sol por um momento. Mas, ao contrário dos filósofos na caverna, seu problema, pelo menos no que nos diz respeito, não é tanto comunicar como as coisas se parecem no mundo exterior, mas dar algum sentido ao que acontece dentro da caverna.

Ou, deixando de lado as imagens (o que é muito difícil quando se trata desses assuntos), a crença religiosa tem seu efeito sobre o senso comum, não o dispensando, mas tornando-se parte dele. Kalidjaga meditando é uma coisa; tendo meditado, Kalidjaga propondo-se a fundar Mataram é outra. Lyusi fazendo suas preces no cemitério é uma coisa; tendo rezado, Lyusi humilhando Mulay Ismail é outra. A crença religiosa em meio ao ritual, quando envolve a pessoa inteira, unindo-a aos fundamentos mais profundos da existência, e a crença religiosa como amálgama de idéias, preceitos, juízos e emoções que a experiência daquele envolvimento insinua no tom da vida cotidiana simplesmente não são a mesma coisa. A primeira é fonte da última, mas é a última que influencia a ação social.

O quanto influencia e de que maneiras, este evidentemente é outro problema. E aqui torna-se necessário fazer uma distinção entre o que eu chamaria de *força* de um padrão cultural (não só a religião, mas qualquer sistema de símbolos que os homens usam para interpretar a experiência) e o que eu chamaria de seu *escopo*.

Por "força" quero dizer a eficácia com que tal padrão é internalizado nas personalidades dos indivíduos que o adotam, sua centralidade ou marginalidade em suas vidas. Todos sabemos que tal força difere entre indivíduos. Para um, seus compromissos religiosos constituem o eixo de toda a sua existência, ele vive por sua fé e por ela morreria de boa vontade; está intoxicado por Deus, e as demandas sobre a vida cotidiana provenientes da crença religiosa têm precedência sobre todas as demais — o conhecimento científico, a experiência estética, a preocupação moral ou mesmo considerações práticas. Para outro, que acredita com a mesma honestidade, a fé é envergada de maneira mais leve, envolve menos totalmente sua personalidade; mais mundano, subordina outras maneiras de entendimento à religiosa de modo menos automático e menos completo. Outras perspectivas podem também dominar; há fanáticos científicos e estéticos, não só religiosos, e assim por diante: as variações em tais assuntos, mesmo numa mesma sociedade, são enormes. Em termos estatísticos, contudo, em termos de médias e distribuições, essas diferenças também aparecem entre populações inteiras. É difícil demonstrar, mas ninguém que tenha passado muito tempo entre indonésios e marroquinos duvidará que, como um todo, os últimos tomam sua religião de maneira mais determinada (o que mais uma vez não significa de maneira mais genuína) do que os primeiros. Olhemos, a esse respeito, para indianos e chineses, irlandeses e franceses, escoceses e prussianos. Homens que igualmente crêem podem não ser igualmente devotos.

Por "escopo", por outro lado, quero designar o espectro de contextos sociais nos quais considerações religiosas são consideradas como mais ou menos diretamente relevantes. Obviamente força e escopo se relacionam à medida que o homem para quem a religião é pessoalmente importante se inclina naturalmente a estender seu domínio sobre um amplo espectro da vida — a perceber a mão de Deus em tudo, desde uma dor de estômago até resultados eleitorais. Mas não são a mesma coisa. A força da religião é, em termos gerais, maior no Marrocos do que na Indonésia; mas, como já sugeri diversas vezes, seu escopo é mais estreito. Na Indonésia quase tudo é tocado, ainda que muito levemente, de um significado metafísico; toda a vida cotidiana tem uma qualidade ligeiramente transcendental, e é difícil isolar uma parte da vida em que as crenças religiosas e as atitudes delas derivadas desempenham um papel maior do que em qualquer outra. No Marrocos, o grosso da vida comum é secular o bastante para satisfazer o racionalista mais convicto, e considerações religiosas, independentemente de sua intensidade, operam apenas sobre umas poucas e bem demarcadas regiões do comportamento, de tal forma que encontramos uma certa dureza, por exemplo, em assuntos comerciais e políticos que, no limite, lembram a estranha combinação de brutalidade profissional e piedade pessoal que se encontra entre alguns mafiosos norte-americanos.

De qualquer forma, ao discutir a maneira como as crenças religiosas e os sentimentos que elas engendram são absorvidos no fluxo da vida diária, é necessário distinguir entre uma dimensão, por assim dizer, vertical do processo e uma dimensão horizontal, entre o peso psicológico de um padrão cultural e o âmbito social de sua aplicação. Se, por exemplo, fizermos a pergunta, neste momento bastante popular em círculos intelectuais: "Está em curso um renascimento da religião nos Estados Unidos?", veremos que boa parte do desacordo na resposta gira em torno do que deve ser considerado como "renascimento": se um aumento na força ou uma ampliação no escopo. Aqueles que vêem o "renascimento" como uma ilusão argumentam que a importância das crenças religiosas, católicas, protestantes ou judias, nas vidas dos indivíduos não só é fraca como fica cada vez mais tênue. De sua parte, os que pensam que há um renascimento genuíno apontam para o aumento das filiações religiosas e para a importância crescente das organizações religiosas e dos profissionais religiosos em processos sociais críticos em torno dos direitos civis ou da paz mundial.

O importante é que as duas posições podem estar certas; que a força das convicções religiosas medida em termos da resposta aos símbolos sagrados pode não ser maior, que as crenças religiosas podem ser muito importantes apenas para um número cada vez menor de pessoas; mas, ao mesmo tempo a relevância de tais crenças, por periféricas que sejam, para os problemas sociais pode ter se ampliado recentemente de modo perceptível. A questão empírica não é aqui fundamental. Básico é que as complexidades ocultas no que parece ser um problema simples e direto, a importância da crença religiosa na orientação do comportamento humano, sejam reconhecidas. Tal reconhecimento pode ou não nos capacitar para enfrentar o problema; mas deve pelo menos pôr um fim às respostas fáceis.

Nesses termos, então, podemos de um modo um pouco mais preciso formular o que aconteceu e está acontecendo com o "islã" nos nossos dois países. Se o principal impacto da experiência religiosa sobre o comportamento humano se dá pelo eco abafado dessa experiência na vida cotidiana, então a tendência religiosa é a tentativa de sustentar esse eco na falta da experiência.

Ao longo dos séculos, e particularmente do que chamei de período clássico, aproximadamente entre 1500 e 1800, em ambos os países o tráfico com os símbolos sagrados produziu não só formas distintivas de fé, mas, paralelamente a essas formas e de modo congruentes a elas, também estilos de vida distintivos. Visão de mundo e ethos se reforçaram mutuamente por causa do modo como as pessoas pensavam que deviam viver suas vidas — e, em medida razoável, como na realidade as viviam — e as verdades que pensavam ter apreendido em túmulos sagrados e jogos de sombras; os dois aspectos estavam de acordo entre si, faziam parte de um conjunto orgânico, na verdade imutável. Isso não quer dizer que todos eram altamente religiosos ou que todos se comportavam de maneira fixa ou estereotipada. Diz simplesmente que concepções, valores e sentimentos que orientavam o comportamento cotidiano eram influenciados de modo significativo e poderoso por aquilo que era considerado, por quem as adotava, como revelações da ordem básica da existência. A resposta espiritual variava então, como varia hoje, provavelmente com a mesma amplitude. Havia uma distância entre os ideais sociais e a prática social como a de agora, e provavelmente de modo tão amplo como agora. Diferente em nossos dias é que mesmo os que respondem espiritualmente acham difícil encontrar a revelação, enquanto as vidas dos que não respondem continuam em boa parte a basear-se na suposição de que não são incapazes de responder.

Reflexos, reverberações, projeções — procuramos a palavra exata, e nenhuma é muito adequada — da experiência religiosa na vida diária continuam importantes tanto na Indonésia como no Marrocos. Mas são cada vez mais reflexos, reverberações e projeções de experiências de outros que não aqueles que agora dependem delas para preencher a moldura nua do senso comum — idéias de imagens, por assim dizer. Embora naturalmente ajustado às novas condições, o tom da vida comum não é tão diferente do que era no período clássico. Em termos gerais, os indonésios continuam, coletiva e individualmente, tão difíceis de captar quanto Kalidjaga; os marroquinos, coletiva e individualmente, tão enfáticos quanto Lyusi. Mas, para um número cada vez maior deles, é inacessível o tipo de consciência ritualmente expandida do realmente real (ou assim suposto) que fazia surgir e justificava aquele ethos, e era por sua vez sustentado e tornado possível por ele. Não quero mais uma vez exagerar o grau em que essa disjunção entre as versões do senso comum e esta outra que a poderia superar, isto é, a inclinação religiosa, se manifestou nos dois países. Ela realmente está apenas no começo; no Marrocos, escassamente; na Indonésia, um grau além do escassamente. Mas começou, e é a maneira como as coisas estão mudando, vieram mudando pelo menos durante um século e provavelmente continuarão a mudar por algum tempo. Em outros estados do Terceiro Mundo, por exemplo a Tunísia ou o Egito, para nos limitarmos ao mundo muçulmano, talvez tenha avançado mais. E no Ocidente foi de fato bastante longe; temos que esperar algum tempo, penso eu, mesmo no caso da Tunísia e do Egito, para observar um movimento explícito por parte de um "islã sem religião", sob o estandarte de "Alá está morto".

Nesse meio tempo, temos as versões menos nuas da tendência religiosa que considerei no último capítulo, o "escrituralismo", o neomarabutismo realista de Mohamed V e o teatralismo sincretista de Sukarno. Todos estão ainda em campo, e todos procurando tornar-se críveis como algo mais que "ismos" passageiros. Cada um recorre a alguma imagem espiritual — a do islã primitivo, a da dinastia carregada de *baraka*, ou a do estado exemplar — para consolidar sua posição.

Mas até aqui nenhuma delas foi capaz de fazê-lo. Para que o "escrituralismo" se torne uma tradição religiosa viva, mais que uma mera coleção de pretextos gastos, seus adeptos teriam que enfrentar uma séria reformulação teológica da tradição escolástica sem a qual não podem aparentemente viver e com a qual não conseguem viver. Mas desde Abduh, que, apesar de todas as hesitações e incoerências, fez uma valente tentativa de reformulação, praticamente nada foi feito; certamente não na Indonésia nem no Marrocos, onde, à parte umas poucas e não muito importantes exceções marginais, um reexame da doutrina islâmica nem mesmo começou. O renascimento da tradição marabútica imamista sob Mohamed V não foi até a nova definição da relação entre os valores espirituais e o poder mundano que em algum momento parecia prometer — definição que talvez não pudesse ter removido, mas ao menos diminuído a tensão entre santo e guerreiro que continua a assolar a sociedade marroquina em todos os níveis, do sultão ao xeque local, e muitas vezes a vida de um único indivíduo. E quanto à construção de mitos e à disseminação de credos de Sukarno, que (embora não tenha chegado a propor mudanças no calendário) lembra tanto os experimentos na direção de uma religião civil na Revolução Francesa, ela deixou de fazer o que pretendia de modo tão autoconsciente realizar: fornecer uma fé nacional totalizante na qual as massas indonésias espiritualmente divididas pudessem encontrar guarida.

E assim, em meio a enormes mudanças, persistem os grandes dilemas, assim como as velhas respostas. Em verdade as respostas parecem persistir mais quanto pior elas funcionam. A disjunção marroquina entre as formas da vida religiosa e a substância da vida cotidiana chega quase a ponto da esquizofrenia. A absorção indonésia de todos os aspectos da vida — religioso, filosófico, político, científico, de senso comum e até mesmo econômico — numa nuvem de símbolos alusivos e abstrações vazias é menos importante do que há dois anos; mas seu avanço não foi detido, e muito menos revertido.

Quando penso na situação religiosa nos dois países hoje, e particularmente na relação entre crenças e ação, duas imagens de jovens me vêm à mente, minhas últimas metáforas humanas para pôr ao lado de Lyusi e Mohamed V, Kalidjaga e Sukarno. A primeira é a de um estudante marroquino altamente educado, de língua francesa, mas de criação tradicional, *evolué*, como o chamaria o vernáculo do colonialismo francês, sentado num avião para Nova York, em sua primeira viagem para fora do país, para estudar numa universidade norte-americana. Assustado, como deveria, pela experiência de voar (e também pelo que o espera ao aterrissar), passa a viagem inteira com o Alcorão firmemente apertado numa das mãos e um copo de uísque na outra. A segunda imagem é a de um estudante brilhante de matemática e física na pós-graduação da Universidade da Indonésia — um dos poucos cientistas promissores do país, o tipo de homem que construirá a bomba, se chegarem a construir uma — que me explica durante quatro horas um esquema extremamente complicado, quase cabalístico, em que as verdades da física, da matemática, da política, da arte e da religião estão fundidas de maneira indissolúvel e, na minha opinião, indiscriminada. Ele diz que passa todo o tempo livre trabalhando nesse esquema, que significa muito para ele, pois não podemos achar um caminho na vida moderna, como ele diz, sem uma bússola.

De fato não podemos. Mas com que material construir a bússola? Idéias vagas sobre um mundo harmônico? Textos sagrados transformados em fetiches? Seriam a construção de castelos e a manutenção de livros de crédito e débito estratégias ainda úteis na luta pelo real? Ou seriam agora desesperadas ações de retardamento? Ou mais, recuos disfarçados? E, se assim for, o que acontecerá com homens como esses estudantes quando isso ficar claro? Quando o fato de que não podem nem afogar a vida numa unidade informe nem parti-la claramente em diversos domínios ficar tão óbvia que não possa mais ser oculta por fantasias cósmicas e obediências rotineiras? Frank O'Connor uma vez observou que nenhum irlandês é realmente interessante até começar a perder a fé. Os choques de revelação que Lyusi e Kalidjaga aguardavam e que os tornaram interessantes esperam também por nosso ansioso viajante e por nosso físico confuso — e, com eles, pelas sociedades intranqüilas de que são encarnações.

Notas

Como meu texto é geral e resumido, um ensaio, e não um tratado, assim também é o meu aparato documental. Não fiz qualquer tentativa de tornar meus argumentos menos controversos ou especulativos recorrendo a uma longa lista de referências enigmáticas. Em lugar disso preparei a seguinte e breve nota bibliográfica, que pretende não tanto servir como sustentação de minhas interpretações, como informar aqueles que as acharem interessantes e dignas de exame posterior a respeito de alguns dos livros e artigos em que tal exame poderia logicamente começar. Desse modo, liguei essas referências ao texto de maneira não muito amarrada, por capítulo e em seqüências de páginas, mencionando de passagem as fontes diretamente citadas. Perde-se algo em solidez, ganha-se em candura.

1. Dois Países, Duas Culturas

- ***Páginas 18-24***

A história do Marrocos geralmente adotada é *Histoire du Maroc des origines à l'établissement du Protectorat français* (2 vols., Casablanca, 1949-50), de H. Terasse — mas não deveria ser. Há muita informação útil e algumas idéias originais e valiosas em Terasse, mas há também um requício colonial generalizado e, em minha opinião, uma interpretação simplista do curso da história do Marrocos. No resumo inglês da obra (*History of Morocco*, Casablanca, 1952), as virtudes são descartadas, e os defeitos concentrados. Um trabalho muito melhor, ainda que tenha mais a feição de um compêndio factual, semelhante à crônica, do que de uma análise histórica, é Ch.-A. Julien, *Histoire de L'Afrique du Nord* (2 vols., Paris, 1961), que toma como objeto toda a África do Norte, e não só o Marrocos. O melhor livro sobre o desenvolvimento do islã no norte da África, e de fato um dos melhores volumes jamais escritos sobre a região, é A. Bel, *La réligion musulmane en Berbérie* I (Paris, 1938). Projetado como o primeiro de três volumes — os outros dois jamais foram publicados —, surge como uma promessa do que pode ser feito no campo da história da África do Norte por alguém que combina a necessária competência com a necessária visão. *Morocco* (Londres, 1965), de N. Barbour (ver também o livro organizado por ele, *A Survey of North África*, Londres, Nova York, Toronto, 1962, p.75-200) é a melhor apresentação popular à história do Marrocos; para a África do Norte como um todo, o breve capítulo em *The United States and North Africa* (Cambridge, Mass., 1963, p.39-115), de C. Gallagher, é brilhante.

- ***Páginas 24-7***

A melhor história geral da Indonésia em inglês é ainda B. Vlekke, *Nusantara, A History of Indonésia* (Haia e Bandung, 1959); a melhor em holandês, H.J. De Graaf, *Geschiedenis van Indonesie* (Haia e Bandung, 1949), embora nenhuma das duas vá muito além da superfície das coisas. Alguns dos ensaios, especialmente os mais antigos, em *Geschiedenis van Nederlandsche-Indie* (5 vols., Amsterdã, 1938-40), organizado por F.W. Stapel, são úteis, mas o fato é que uma grande história da Indonésia como um todo — "dos tempos antigos ao presente" — está para ser escrita, o que, considerando as habilidades lingüísticas e temáticas que a tarefa impõe, não chega a surpreender. Do grande número de histórias gerais do sudeste asiático, a maioria superficial, o melhor de longe é *A History of Southeast Ásia* (Londres, 1955), de D.G.E. Hall.

Para uma breve revisão do desenvolvimento da análise antropológica da religião, ver meu artigo "Religion: Anthropological Study", in *International Encyclopedia of the Social Sciences* (Nova York, 1968).

2. Os Estilos Clássicos

- ***Páginas 37-42***

Material sobre Kalidjaga pode ser encontrado em *Javaanse Volksvertoningen* (Batávia, 1938, p.387-89 e 395-98), de Th. Pigeaud; em *De Heiligen van Java* (Batávia, 1910-13), de D.A. Rinkes; e em "The

Struggle between Javanism and Islam as Illustrated by the Serat Dermagandul" (*Bijdragen tot Taal-,Land- en Volkenkunde,* nº122, 1966), p.309-65), de G.W.J. Drewes. Os melhores trabalhos sobre o desenvolvimento no arquipélago entre os séculos XIV e XVII são B. Schrieke, *Indonesian Sociological Studies: Selected Writings* (2 vols., Haia e Bandung, 1955, 1957); J.C. van Leur, *Indonesian Trade and Society* (Haia e Bandung, 1955); e M.A.P. Meilink-Roelofsz, *Asian Trade and European Influence* (Haia, 1962). Desenvolvi a interpretação aqui radicalmente condensada desse período em *The Development of the Javanese Economy: A Sociocultural Approach* (Center for International Studies, MIT, 1956, mimeo).

- ***Páginas 42-7***

O soberbo *Al-Yousi, problèmes de la culture marocaine au* XVII*ème siècle* (Paris e Haia, 1958), de Jacques Berque, faz descrição e análise completas da vida e obra de Lyusi, bem como um esboço da situação social e cultural em que ele atuou. Há também uma breve biografia de Lyusi (ali chamado de "el-Ioûsi") em E. Lévi-Provencal, *Les historiens des Chorfa* (Paris, 1922, p.269-72). A citação de Berque nas páginas 31-2 é de *Al-Yousi*, p.135; o poema está na p. 20 da mesma obra. Sobre a "crise marabútica" em geral, ver Terasse, *Histoire du Maroc*, nº2, p.160ss, e Julien, *Histoire de l'Afrique du Nord*, 2, 219ss.

- ***Páginas 47-54***

A principal história do período hinduísta, apesar de todas as correções necessárias, ainda é *Hindoe-Javaansche Geschiedenis* (2ªed, Haia, 1931), de N.J. Krom. (Ver também seu artigo em Stapel, *Geschiedenis*, I, 119-298). Um resumo breve, simples, mas sociologicamente mais realista do período pode ser encontrado em W.F. Stutterheim, *Het Hinduisme in den Archipel* (Groningen e Batávia, 1932). Sobre o reinado divino e o "centro exemplar" (não chamados assim), ver R. Heine-Geldern, "Conceptions of State and Kingship in Southeast Ásia", *Far Eastern Quarterly*, 2 (1942, p.15-30). Sobre a organização estatal de tipo hinduísta em geral, ver Pigeaud, *Java in the Fourteenth Century: A Study in Cultural History* (5 vols., Haia, 1960-63); G. Coedes, *Les États hindouises d'Indochine et d'Indonesie* (Paris, 1948); G.P. Rouffaer, *Vorstenlanden* (Overdruk uit Adatrecht Bundel XXXIV, série P, nº81 Leiden, 1931, p.233-378); S. Mertono, "State and Statecraft in Old Java" (tese de doutoramento não publicada, Ithaca, Cornell University, 1966); e meu "Politics Past, Politics Present" (*European Jour-*

nal of Sociology, nº8, 1967, p.1-14). Sobre as idéias político-religiosas hinduístas javanesas, devem ser consultados os inúmeros trabalhos de C.C. Berg, mas com espírito crítico. As duas principais expressões de seu ponto de vista são provavelmente o ensaio "Javaansche Geschiedschriving" (in Stapel, *Geschiednis*, nº2, p.7-148) e "Javanese Historiography, a Synthesis of its Evolution" (in Hall, *Historians of South East Ásia*, Londres, 1961, p.164-71). Algumas das idéias sugeridas no texto como elementos hinduístas da visão de mundo indonésia são discutidas com relação a Java contemporânea em meu *The Religion of Java* (Glencoe, 1960, especialmente p.227-354).

A referência à "cópia de sua capital" na p.48 está em Pigeaud, *Java in the Fourteenth Century*, que, a despeito do título, é uma tradução do *Negarakertagama* de 1365 a.C., acompanhado de textos contemporâneos em conjunto com notas, comentários, uma recapitulação e glossário. Essa referência é ao canto 17, estrofe 3; o texto javanês está em 1, 14; a tradução, em 3, 21. A referência ao sol que se segue no texto é ao canto 12, estrofe 6, com o javanês em 1, 10, e o inglês em 3, 15. A citação "o servo deve adorar o senhor", na p.49 é do *Rajapatingundala*, no apêndice à tradução do *Nagarakertagama*, em javanês em 1, 10, em inglês (que alterei ligeiramente um benefício da clareza) em 3, 135. As observações de Prapanca sobre o "desamparado, curvado" citadas na p.50 são do canto 1, estrofe 5, do *Negarakertagama*, o javanês em 1, 3, o inglês em 3, 4.

Sobre a "divisão política do trabalho" na Indonésia colonial, ver J.S. Furnivall, *Netherlands India: A Study of a Plural Economy* (Nova York, 1944), e, do mesmo autor, *Colonial Policy and Practice, a Comparative Study of Burma and Netherlands India* (Cambridge, 1948); *The Dutch East Indies, its Government and Politics* (Berkeley e Los Angeles, 1942), de A. Vandenbosch; e "The Native Rulers" (*Indonesian Sociological Studies*, nº2, p.169ss), de Schrieke. A imagem "bizantina" é de Rouffaer e H. Juynboll, *Het Batik Kunst in Neterlandsche Indie em haar Geschiedenis* (Haia, 1932).

- ***Páginas 55-65***

Sobre a ascensão dos Alavitas, ver *Les historiens des Chorfa*, de Lévi-Provencal. A observação de Bel sobre seitas e impérios está em *La réligion musulmane en Berbérie*, p.15; a frase sobre os *hommes fétiches* aparece na p.244; e sua discussão sobre as dinastias berberes, embora focada nas dimensões religiosas, é a mais incisiva que conheço. *Medieval Muslim Government in Barbary* (Londres, 1958), de J.F.P. Hopkins, dá um quadro claro e bem pesquisado da organização política da época, e *Fez in the Age of the Merinides* (Norman, 1961), de R. Le Tourneau, tem algum material sobre a vida social urbana durante o período. A citação de Lévi-Provencal na p.59 é de *Les historiens des Chorfa*, p.10.

Sobre a devoção aos santos, talvez a melhor obra descritiva seja a de E. Dermenghem, *Le culte des saints dans l'Islam magrébin* (6ªed., Paris, 1956), que não desenvolve muito a análise sociológica. A tese de doutorado de E. Gellner, infelizmente ainda não publicada, "The Role and Organization of a Berber Zawiya" (Universidade de Londres, 1957), é o excelente estudo de um culto ao santo em ação (a citação da p.62 sobre os santos que *são* o islã é dessa tese). Há também muito material útil compilado em *Ritual and Belief in Morocco* (2 vols., Londres, 1926), de E.A. Westermarck. Outras discussões da devoção aos santos tendem a ser muito gerais ou anedóticas.

Quanto às irmandades, o trabalho mais esclarecedor — decididamente descritivo num ponto quase inimaginável, mas ainda assim útil como fonte — é *Esquisse d'histoire religieuse du Maroc, confréries et Zaouias* (Paris, s.d., c.1951), de G. Drague. (Os números na p.62 são referências a essa obra, p.117-24, com algumas hipóteses sobre as distribuições da população segundo sexo e idade de 1939.) Estudo mais breve e perspicaz é *Éssai sur l'histoire des confréries marocaines* (Paris, 1921), de E. Michaux-Bellaire. Além dessas, há duas excelentes monografias de irmandades particulares: R. Brunel, *Éssai sur la confrérie religieuse des Aissaoua au Maroc* (Paris, 1926); e J.M. Abun-Nasr, *The Tijaniyya* (Londres, Nova York, Toronto, 1965). *A Moslem Saint of the Twentieth Century* (Londres, 1961), de M. Ling, é a biografia de um xeque de *zawiya* argelino e estimulou interessantes reflexões de Gellner sobre o sufismo em geral, "Sanctity, Puritanism, Saecularization, and Nationalism in North África. A Case Study" (*Archives de Sociologie des Religions*, nº15, 1963, p.71-87). P. Marty, "Les Zaouias marocaines et le Makhzen", in *Révue des Études Islamiques,* 1929, p.575-600, dá uma visão a partir da *résidence*, mas é muito geral.

Os aspectos religiosos do sultanato não foram discutidos tão exaustivamente como mereciam, mas há algum material em M. Lahbabi, *Le gouvernement marocain à l'aube du XXe siècle* (Rabat, 1958), e em I.W. Zartman, *Destiny of a Dynasty* (Columbia, S.C., 1964). Falta ainda uma investigação completa das bases sociais e culturais da soberania alavita. A frase de Berque referida na p.63 é de seu *Al-Youssi*, p.135.

3. O Interlúdio dos Seguidores das Escrituras

- ***Páginas 73-6***

O período colonial em ambos os países é, como era de se esperar, muito mais documentado do que suas histórias gerais, mas também muito mais sujeito a interpretações preconcebidas e unilaterais (tanto pró como antiimperialistas). Algumas das sinopses mais úteis, representando vários pontos de vista, incluem as obras a seguir.

Para a Indonésia: Furnivall, *Netherlands India*; D.H. Burger, *De Ontsluiting van Java's Binnenland voor het Wereldverkeer* (Wageningen, 1939); também de Burger, "Structuurveranderingen in de Javaansche Samenleving" (*Indonesia*, nº2, 1948-9, p.381-98, 521-37, e nº3, 1949-50, p.1-18, 101-23, 225-50, 347-50, 381-9, 512-34); W.F. Wertheim, *Indonesian Society in Transition* (2ªed., Haia e Bandung, 1959); Vandenbosch, *The Dutch East Indies*; A.D.E. de Kat Angelino, *Colonial Policy* (2 vols., Haia, 1931).

Para o Marrocos: J-L. Miège, *Le Maroc et l'Europe* (4 vols., Paris, 1961); Berque, *French North África, The Maghrib Between Two World Wars* (Londres, 1962); L. Cerych, *Européens et marocains, 1930-1956* (Bruges, 1964); A. Maurois, *Lyautey* (Paris, 1931); E. Aubin, *Morocco of Today* (Londres, 1906).

- ***Páginas 76-80***

Não há obra sintética sobre o movimento partidário das escrituras na Indonésia; é preciso garimpar os dados de uma série de fontes. Tentei organizar algo desse material em alguns de meus trabalhos. Ver "Religious Belief and Economic Behavior in a Central Javanese Town: Some Preliminary Considerations", (*Economic Development and Cultural Change*, nº4, 1956, p.134-58); "The Javanese Kijaji: The Changing Role of Cultural Broker", (*Comparative Studies in Society and History*, nº2, 1960, p.228-49); *The Religion of Java*, p.121-226; "Modernization in a Muslim Society: The Indonesian Case" (R.N. Bellah, org., *Religion and Progress in Modern Asia*, Nova York, 1966, p.93-108); *Peddlers and Princes* (Chicago, 1963). Para material primário sobre algumas das questões discutidas no texto, ver "De Hadjipolitiek der Indische Regeering", de C. Snouck Hugronje, em *Verspriede Geschriften* (Bonn e Leipsig, 1924, nº4, p.173-99); do mesmo autor *Mekka in the Latter Part of the Nineteenth Century* (Leiden, 1931); "Brieven van een Wedono-pensioen (*Verspriede Geschriften*, nº4, p.111-249); "The Hadji, some of its Features and Functions in Indonesia" (*Bijdragen tot Taal-, Land- en Volkenkunde*, nº188, 1962, p.91-154) — do qual vêm os números a respeito dos haji na p.77 — de J. Verdenbregt); *Herinneringen* (Amsterdã e Batávia, 1939), de Pangeran Aria Achmad Djajadiningrat.

A respeito dos levantes mencionados nas p.78-9, ver, sobre Sumatra ocidental, M. Radjab, *Perang Paderi di Sumatera Barat, 1803-1808*, (Jacarta, 1954); sobre Java central, M. Yamin, *Sedjarah Peperangan Dipanegara, Pahlawan Kemerdekaan Indonesia* (Jacarta, 1952) e J.M. van der Kroef, "Prince Diponegoro: Progenitor of Indonesian Nationalism" (*Far Eastern Quarterly*, nº8, 1949, p.429-50); sobre o noroeste de Java, S. Kartodirdjo, *The Peasant's Revolt of Banten in 1888, its Conditions, Course and Sequel* (Haia, s.d., c.1966); sobre o norte Sumatra, Hugronje, *The Achehnese* (2 vols., Leide, 1906).

A ascensão do "reformismo" é bem detalhada em H. Benda, *The Crescent and the Raising Sun* (Haia e Bandung, 1958, p.9-99); o livro inteiro, embora dirigido para a ocupação japonesa (isto é, o período de 1942 a 1945), é essencial para quem quiser entender o islã "moderno" — isto é, "recente" — na Indonésia. Wertheim, *Indonesia in Transition*, p.193-235; G.-H. Bousquet, *La politique musulmane et coloniale des Pays-Bas* (Paris, 1939); e C.C. Berg, "Indonesia" (*Whither Islam? A Survey of Modern Movements in the Moslem World*, H.A.R. Gibb, org., Londres, 1932, p.193ss), também contêm discussões valiosas sobre o reformismo na Indonésia. A apresentação geral mais simples ao islã na Indonésia talvez seja a de Bousquet, em "Introduction a l'étude de l'Islam indonésien" (*Revue des Études Islamiques*, nº2-3, 1938, p.133-259); embora *De Islam in Indonesie* (Haia, 1947), de R.A. Kern, também seja útil.

Sobre o movimento reformista em termos mais gerais, ver K. Cragg, *Counsels in Contemporary Islam* (Edimburgo, 1965); W. Cantwell Smith, *Islam in Modern History* (Princeton, 1958); G.E. von Grunebaum, *Modern Islam, the Search for Cultural Identity* (Berkeley, 1926); Gibb, *Modern Trends in Islam* (Chicago, 1957); C.C. Adams, *Islam and Modernism in Egypt* (Londres, 1933).

- ***Páginas 80-4***

A literatura sobre o "escrituralismo" marroquino é ainda mais escassa do que sobre o indonésio, mas algum material útil pode ser encontrado em Allal Al-Fassi, *The Independence Movements of North Africa* (Washington, D.C., 1954); J. Abun-Nasr, "The Salafiyya Movement in Morocco: The Religious Basis of the Moroccan Nationalist Movement" (A. Hourani, org., *St. Antony's Papers*, nº16, Londres, 1963, p.90-105); D. Ashford, *Political Change in Morocco* (Princeton, 1961, p.29ss); Le Tourneau, "North Africa: Rigorism and Bewilderment" (von Grunebaum, org., *Unity and Variety in Muslim Civilization*, Chicago, 1955); R. Rizette, *Les partis politiques marocains* (Paris, 1955, p.6-27).

A anedota do "bismillah" está em Lévi-Provencal, p.20. A citação de Al-Fassi é de Al-Fassi, *Independence Movements*, p.112.

Em relação às organizações nacionalistas religiosas pioneiras, ver, para o islã de Sarekat: Benda, *The Crescent and the Raising Sun*, p.41ss; G. McT. Kahin, *Nationalism and Revolution in Indonesia* (Ithaca, 1952, p.65ss); R. van Niel, *The Emergence of the Modern Indonesian Elite* (Haia e Bandung, 1960, p.101ss); R. Jay, *Religion and Politics in Rural Central Java* (New Haven, 1964, p.16ss).

Sobre Kutlat Al-'Amal Al-Watani: Al-Fassi, *Independence Movements*; Rizette, *Les partis politiques marocains* (p.68ss); Ashford, *Political Change*, (p.35 ss); Julien, *L'Afrique du Nord en marche* (2ªed., Paris, 1952, p.146ss).

• ***Páginas 84-91***

Sobre Mohamed V, ver R. Landau, *Mohammed V* (Rabat, 1957); Landau, *Moroccan Drama* (São Francisco, p.199-205); R. Montagne, *Révolution au Maroc* (Paris, 1953, p.177-260); J. Lacouture, *Cinq hommes et la France* (Paris, 1961). Sobre o sultanato como instituição, ver Lahbabi, *Le gouvernement marocain*; Zartman, *Destiny of a Dynasty*; J. Robert, *La monarchie marocaine* (Paris, s.d., c.1962); J. e S. Lacouture, *Le Maroc à l'epreuve* (Paris, 1958). Vários trabalhos mais antigos do tipo "eu estive lá" dão uma idéia da monarquia como era entre o fim do século XIX e o começo do XX. Alguns dos melhores são Aubin, *Morocco of Today*; W. Harris, *Morocco That Was* (Londres, 1921); e F. Weisberger, *Au seuil du Maroc moderne* (Rabat, 1947).

As teorias de W. Montgomery Watt sobre os conceitos "autocrático" e "constitucional" de legitimidade podem ser encontradas em *Islam and the Integration of Society* (Londres, 1961). Ver também *Islamic Philosophy and Theology* (Edimburgo, 1962, p.53ss).

O contraste entre *blad l-makhzen* e *blad s-siba* pode ser encontrado ou pelo menos mencionado em quase todos os livros recentes sobre o Marrocos e alcançou o status de estereótipo — isto é, conceito mais invocado do que investigado. Talvez sua apresentação mais simples — generalizada para todo o Oriente Médio — seja a de C. Coon, *Caravan, The Story of the Middle East* (Nova York, 1958, p.286-90, 309-23); mas seu maior desenvolvimento está nas obras de Robert Montagne, em cujas mãos tende a tornar-se uma arma ideológica. Ver *Révolution au Maroc*, p.41-126, e *Les Berbères et le Makhzen dans le Sud du Maroc* (Paris, 1930).

Sobre o nacionalismo marroquino em geral, ver Landau, *Moroccan Drama*; Ashford, *Political Change*; Gallagher, *The United States and North Africa*, (p.84-115); Le Tourneau, *Evolution politique de l'Afrique du Nord musulmane, 1920-1961* (Paris, 1962, p.223-51); Julien, *L'Afrique du Nord en marche*, (p.139-73, 339-95); Rizette, *Les partis politiques*; Al-Fassi, *Independence Movements*; Berque, *French North Africa*. A melhor discussão sobre o decreto berbere é de Berque (p.215-22); sobre a deposição, exílio e retorno do sultão, a de Landau (p.295ss). Gallagher coloca melhor os eventos marroquinos no contexto da África do Norte (a obra incisiva de Julien foi infelizmente escrita antes de vários episódios, e por isso parece truncada). Al-Fassi detalha melhor as reações nativas, embora, como combatente, sua visão seja naturalmente parcial. O trabalho de Ashford é o mais completo em termos factuais, mas não muito bem organizado. Diversas monografias especificamente dedicadas ao nacionalismo marroquino, algumas de autoria de marroquinos, estão aparentemente em andamento; deve-se ter assim um quadro mais claro, especialmente em comparação ao caso indonésio, de um movimento ainda não muito bem delineado.

A citação de Julien e de *L'Afrique du Nord en Marche*, p.146.

- ***Páginas 91-6***

Sobre Sukarno, ver C. Adams, *Sukarno, an Autobiography* (Indianápolis, 1965); W. Hanna, *Bung Karno's Indonesia* (Nova York, 1961, parte 2); L. Fischer, *The Story of Indonesia* (Nova York, 1959); "Soekarno, Dr. Ir." (*Ensiklopedia Indonesia*, Bandung e Haia, c.1956, vol. M-N, p.1.265); N.Y. Nasution, *Ir. Sukarno, Riwajat Rinkas Penghidupan Perdjuangan* (Jacarta, c.1951). Sobre a presidência como instituição, não há, além do breve e formalista *The Office of President in Indonesia as Defined in Three Constitutions in Theory and Practice* (Ithaca, 1957), de A.K. Pringgodigdo, nenhum estudo especial; mas H. Fieth, *The Decline of Constitutional Democracy in Indonesia* (Ithaca, 1962), fornece muito material e interpretações úteis sobre seu funcionamento, assim como D.S. Lev, *The Transition to Guided Democracy* (Ithaca, 1966). Sobre o ressurgimento do estilo clássico na República de Sukarno, ver A.R. Willner, *The Neo-Traditional Accomodation to Political Independence, The Case of Indonesia* (Princeton, 1966).

A citação do "romantismo da revolução" vem de Hanna, prefácio a *Bung Karno's Indonesia*.

O desenvolvimento, por parte de Fieth, do contraste entre "manipuladores de símbolos" (ou "construtores da solidariedade") e "administradores" encontra-se em *Decline of Constitutional Democracy*, a principal obra sobre a política pós-independência na Indonésia. Ver também seu "Indonesia's Political Symbols and their Wielders" (*World Politics*, nº16, 1963, p.79-97). Sobre o nacionalismo indonésio, as fontes são mais uma vez numerosas e de qualidade e equilíbrio desiguais. Entre as mais úteis figuram J.Th.P. Blumberger, *De Nationalistsche Beweging in Nederlandsche-Indie* (Haarlem, 1931); J.M. Pluvier, *Overzicht van de Ontwikkeling der Nationalistsche Beweging in Indonesie in de Jaren 1930 tot 1942* (Haia e Bandung, 1953); L.M. Sitorus, *Sedjarah Pergerakan Kabangsaan Indonesia* (Jacarta, 1947); Pringgodigdo, *Sedjarah Pergerakan Rakjat Indonesia* (Jacarta, 1950); D.M.G. Koch, *Om de Vrijheid* (Jacarta, 1950); e, especialmente, Kahin, *Nationalism and Revolution.*

O desenvolvimento do "marhaenismo" foi esboçado pelo próprio Sukarno num discurso de 1957, "Marhaen and Proletarian" (Ithaca, 1960), resumido em meus parágrafos nas p.93-4. As primeiras idéias e atitudes de Sukarno em relação ao islã — idéias e atitudes que ele parece nunca ter alterado — são apresentadas de maneira vívida em *Surat Islam dari Endeh* (Bandung, 1931). Sobre o Pantjasila, ver seu discurso, "The Birth of the Pantjasila" (Jacarta, 1950), e Kahin, *Nationalism and Revolution* (p.122-27). Os debates pós-independência sobre a Pantjasila estão registrados nas atas da Convenção Constitucional de 1956-57, *Tentang Dasar Negara Republik Indonesia Dalam Konstituante* (3 vols., s. local [provavelmente Jacarta], c.1958), talvez o melhor exemplo até agora disponível de debate ideológico numa nova nação.

A citação de "eu sou um seguidor de Karl Marx" está em Fischer, *The Story of Indonesia* (p.154); a afirmação de ser simultaneamente cristão, muçulmano e hindu, da mesma fonte (p.299); e a citação final sobre a Indonésia e o Todo-Poderoso é de "Marhaen and Proletarian" (p.29).

Sobre a "democracia dirigida" e suas expressões, ver Fieth, "The Dynamics of Guided Democracy" (R. McVey, org., *Indonesia*, New Haven, 1963, p.309-409).

4. A Luta pelo Real

- ***Páginas 98-103***

A melhor formulação da posição de Malinowski é seu ensaio "Magic, Science and Religion", encontrado com maior facilidade no livro *Ma-*

gic, Science and Religion and Other Essays* (Chicago, 1948), do qual tirei várias das citações de meu texto. Das muitas obras de Lévi-Bruhl sobre o "pensamento primitivo", ver, para uma formulação característica, *How Natives Think* (Nova York, 1926).

As idéias de A. Schutz sobre o mundo cotidiano como "realidade suprema" na experiência humana estão esboçadas em *The Problem of Social Reality* (vol. I da obra reunida, Haia, 1962).

- ***Páginas 103-23***

Muitas das idéias discutidas aqui foram desenvolvidas de modo mais sistemático e detalhado em diversos de meus próprios escritos ao longo dos últimos dez anos, nos quais também se encontram as referências apropriadas e mais extensas: "Ethos, World View and the Analysis of Sacred Symbols"* (*The Antioch Review*, nº58, 1958, p.421-37; "The Growth of Culture and the Evolution of Mind"* (J. Scher, org.), *Theories of the Mind* (Nova York, 1962, p.713-40); "Ideology as a Cultural System" (in D. Apter, org., *Ideology and Discontent*, Nova York, 1964, p.47-76); "Religion as a Cultural System" (M. Banton, org., *Anthropological Approaches to the Study of Religion*, Londres, 1966, p.204-15); *The Social History of an Indonesian Town* (Cambridge, Mass., 1965, p.119-208); *Person, Time and Conduct in Bali* (New Haven, 1966); "The Impact of the Concept of Culture on the Concept of Man"* (J. Platt, org., *New Views of the Nature of Man*, Chicago, 1966).

A referência a Alisdair MacIntyre é a "The Logical Status of Religious Belief" (MacIntyre, org., *Metaphysical Beliefs*, Londres, 1957, p.167-211).

As citações de Abduh são de Cragg, *Counsels in Islam*, (p.38, 39). O aforismo de Cragg é encontrado na mesma obra, p.37. Para uma interessante formulação contemporânea da posição "escrituralista" em relação à ciência e ao secularismo, que caracteriza as duas "estratégias" esboçadas no texto como as abordagens de "um livro" e de "dois livros" (e opta vigorosamente pela última), ver I.R. Al-Faruqi, "Science and Traditional Values in Islamic Society" (*Zygon*, nº2, 1967, p.231-46).

---

* Artigos reunidos, no Brasil, em *A interpretação das culturas*, Rio de Janeiro, LTC, 1989.

Índice remissivo

Este livro foi composto pela TopTextos
Edições Gráficas, em Sabon e Centaur MT e
impresso pela Geográfica Editora em julho de 2004.